この父に学ぶ

～七田式の原点～

七田 厚

雄篇を遺し「教育界の巨星墜つ」

木下 晴弘

故・七田眞氏から「七田式右脳教育」という革命的教育法を受け継ぎ、それを「七田式教室」として国内230教室、世界16の国と地域（2024年現在）にまで展開させた、教育家でもあり稀有な経営者でもある七田厚氏が、令和6年12月23日、不帰の客となった。

厚氏の遺作である本著「この父に学ぶ ~七田式の教育原点~」への寄稿文の依頼を株式会社しちだ・教育研究所のスタッフの方からいただき、その数時間後にもたらされた突然の訃報由、その余りの衝撃と甚大な喪失感は読者の皆さまにもご理解いただけることと思う。

不肖、私めの拙著に、厚氏の父である眞氏から、幸甚の極みともいえる激励文を寄稿いただいたご縁で、眞氏とのお別れに参列した私が、厚氏までもお見送りすることとなり、しかも遺作への寄稿文という大役を拝命することに、何とも深い縁（えにし）を感じざるを得ない。

「人間の持つ無限の可能性を開花させるのは『愛』である」

この言葉の本当の意味をもしすべての保護者が腹落ちさせたなら、そしてもしすべての上司が腹落ちさせたなら、人生や社会は激変するだろう。『愛』という言葉は人に「キラキラと輝き」「いつもあたたかく」「光で満ち溢れた」ものという幻想を抱かせる。しかし厚氏の説くそれは、そんな浅薄なものではない。「ときに突き放し」「ときに試練を与え」「ときに救いの手を差し伸べない」という側面を併せ持つ。厚氏はそれを本書で「三種の神器」と解説する。

ここでいう三種とは「愛」「厳しさ」「信頼」を指し、厚氏はこれを眞氏から受け継いだ。「愛」と「厳しさ」は車の両輪で「信頼」はエンジンにあたる（p162）。これは子育てだけではなく、部下の育成に対しても多くの示唆を与えてくれる。

それだけではない。厚氏は小学校4年生のときに、眞氏からアルバイトを持ちかけられる。当時眞氏がコラムを書いていた地元の週刊タブロイド紙の配達・集金のアルバイトだ。購読料が月200円の新聞を1軒集金すると50円のバイト料がもらえるというものだが、眞氏の提案はそこで終わらない。「新聞をとってくれる家を増やしたら、その都度特別ボーナスを出す」という。なんと小学4年生の我が子に営業の新規開拓を促すのだ（p91）。その提案に乗った厚氏は実に開拓先を大きく増やすことに成功し、その結果、配達・集金業務が追いつかなくなり、弟と妹を雇用し賃金を払うことを学ぶ。後の人生でいかんなく発揮される厚氏の経営感覚は、小学生からすでに磨かれていたのである。

本書には、このように眞氏が厚氏に施したすべての指導が具体的に示されており、それを5つのカテゴリーである、「知育」「徳育」「体育」「食育」「療育」に分類して、35の言葉として描写されている。

これはもはや、幼児教育の領域をはるかに凌駕するものであり、社会人も含めた全人類に対する人間教育の書といえよう。そして月日がどれほど流れようと、その輝きを失うことはないだろう。なぜならば、この書籍は現象のみを取りあげているのではなく、その現象がやってくる本質部分を深く掘り下げているからであり、まさに厚氏の遺作にふさわしい大作である。

このような良書を生み出す著者の急逝は、教育界にとってまさに暗夜に灯火を失うがごとき試練であるが、一条の光といえることは、本書が広く、国内だけでなく、海外でも翻訳されて地球上に普及することである。それによって、われわれ人間は知的にも霊的にも驚異の成長を遂げるに違いない。

生前、厚氏が私に熱く語っていた言葉は「世界の子供たちが、幸せに育つ社会を創りたい」だった。その明確な羅針盤ともいえるメソッドがここにある。

まえがき

「親の背中を見て育つ」

とはよく言ったものです。

日々の生活の中で親の言動が子供に与える影響は、非常に大きなものです。自然に親の言葉やしぐさを真似たり、考え方が似たり、大人になると同じような趣味を持ったり、同じような職業に就いたり、音楽の趣味が一緒だったり、影響を受けることは枚挙に暇がありません。

私の父七田眞は教育研究家として知られ、父が開発した「七田式教育」を実践する教室は、日本のみならず世界16の国と地域にも広がっています。

父は、若いころから「教育」や「人の能力」という分野に大変興味を持ち、人生の多くの時間をその研究に費やしました。様々な書物に目を通したり、各界の研究者を尋ねたり、時には学生の私を連れて、能力開発のセミナーに参加したりすることもありました。そうして父は仮説を立て、検証を繰り返してきました。

思い起こせば、「あれはきっと父の実験台だったな」と振り返ることもあります。

2009年に亡くなった父ですが、私自身もその後の講演会等に赴いた際には、「七田眞先生から、厚さんはどんな教育を受けたのですか？」と興味を持たれることも多々ありました。

その際にお伝えする内容は非常に評判が良く、聴衆の中には「自分の父親のことを思い出して涙が出た」と言ってくださる方もいらっしゃいました。


そういったきっかけもあり、七田眞という人物をもう一度見つめ直し、父からの教えをまとめてみようと考えました。

本書に著した教えとは、良い大学に進学するための方法ではなく、子供が自立するための、あるいは生き方を考えさせるための、父なりの工夫です。

時代背景もあり、子育ての形も徐々に変化していますが、本書ではなるべく不変的な要素を数多く紹介することに努めました。

本書を書き進めるに連れて、「あのころの父」ともう一度対話することができ、当時は気づくことのできなかった父の思いや狙いも理解できるようになりました。

本書では、私が幼いときから成人するころまでのエピソードを、父と私の会話形式でまとめています。私の行動に対して、父がどんな対応をし、どんなアドバイスをしてきたかをお伝えすることで、皆様の子育ての参考になればと思っています。

みなさんもご自身の親の言葉を思い出して、〇〇年後の親子の対話を楽しんでみてください。きっとその対話が子育てのヒントになります。

七田　厚

目次

第2章 丈夫な芽を吹かせる

●成長のきっかけとなる提案を楽しむ

第3章 高く広く 幹を伸ばす
◉親子でいっしょに研究する

第4章 自然に任せる 繋りと実り ●わが子の将来は、自分でスタートさせる

第1章

可能性の種を見つめる

◉わが子をよく観察すること

1 親が通訳者だから、英語ができると思わせたくない

「蛙の子は蛙」という言葉があります。子の能力・性質は親に似る、といった程度の意味で使われます。

「お前は蛙の子なんだから、どんなに頑張っても蛙にしかなれないよ」

と使えば、なんだかマイナスイメージの言葉です。

「お前は蛙の子なんだから、もっと高くジャンプできるはずだ」

と使えば、プラスのイメージにもなりそうです。

どちらにしても、子供は親のもっている能力に左右される存在だ、という捉え方であることは間違いなさそうです。

私が幼いころ、父は英語塾の先生として家計を支えていました。その前は通訳者として仕事をしており、つまり英語を話すことができる人でした。

私自身、中学に入学し学校で英語の授業が始まると、「父が英語の先生なんだから、英語で恥ずかしい点はとれないいな」なんて考えて、熱心に勉強をしたのを覚えています。

そのおかげで、英語の成績そのものは悪くなかったのですが、どういうわけか未だに自由に英語を喋ることはできません。読み書き中心、典型的な日本の英語教育が生みだした生徒で終わりました。

かたや3歳年下の妹、5歳下の弟は、二人とも成人するころには英語がペラペラになっていました。皆さんはなぜなのかと思われるでしょう。

子供たち三人はまさに蛙の子は蛙なのですが、そういう意味で私は蛙になれたのかというと、疑問です。

ところが英語を喋ることができない私を見て、父は少しも疑問をもっていないようでした。ましてや、もっと高く飛べる蛙に育てようとして英会話の特訓を施すようなこともありませんでした。

父はあるがままの私を、あるがままに認めてくれていたのです。

実は、私が6歳のころ、父は私たちきょうだいを使ってある実験を行いました。

テーマは「英語教師の息子娘たちを、その英語教師が手を下さずに英会話ができる人間に育てることができるか」というものです。「万人に通じる教育方法」を模索していた父は、息子娘たちに英語を教える際にでも、やり方を慎重に吟味しました。

つまり普通に教えたのでは意味がない（おもしろくない、と考えたふしもありますが）。父が手とり足とり英語を教えて、私が自在に英語を操る人間になったとしても、「だって英語教師の息子だからね、できて当たり前でしょう」となってしまいます。

それではおもしろくない。父は考えました。

――そうだ、英会話のカセットテープを1日30分程度、聞かせるだけにしてみよう。それ以外はいっさい手をかけない。それならどの家庭でもできる環境づくりになるはずだ。――

これを父は実行します。以来、七田家の食卓の上にはいつもカセットデッキが置かれ、食事時にはそこから英会話が流されるようになりました。

当時私は6歳。小学校に上がるか上がらないかの時期です。日本語のベースは完成しています。だから、「なんだこの変な言葉。こんなの聞きたくない」という反応だったそうです。

ところが3歳の妹、1歳の弟はBGMのようにそれを聞きつづけました。

この違いが「喋れる派」と「喋れない派」を分けたのです。

実験から導きだした父なりの答えは、

「英会話のカセットテープを聞かせるだけでも英語教育の効果は絶大だ。しかし、なるべく早く始めたほうがいい」というものだったのでしょう。

英語ができない親でも自分の子供に英会話のカセットテープを聞かせることはできます。もちろん、それだけで英語を操る人間になれるわけではありません。

ただ、耳には英会話のフレーズが少なからず残っています。だからあるとき、ふと街で耳にしたネイティブの会話を理解できたりするかもしれません。英語の授業で発音を褒められるかもしれません。そうした機会が「カセットテープを聞きつづける」ことで増えることだけは確実です。

そうした積み重ねが英語への敷居を低くし、徐々に「喋れる派」に属する人間になっていくのです。

英語を自由に操ることができない私は、父にとっての失敗作でしょうか。そうではないと思います。結果的にそうなっただけで、間違いではない。

私が言いたいことは、親がどんな人間だろうと、子供の可能性に差異はない、ということなのです。

父は教育研究家として知られていますが、教え子全員を東大に行かせるような教育を目

父の経営する学習塾の前で

指していたわけではありません。

たとえば両親が共働きでも、1日に30分ほど子供のために割く時間があれば、つまり平均的な親であれば、「誰でもできる幼児期の教育」「学校に上がっても困らない教育」。

学生時代に勉強で苦労するようなことはなく、しっかりついていける。そして人生を謳歌できる。そうした人間に育てるための教育法を広めたい。

そう父は考えつづけていたのです。

子供は誰でも可能性をもっている

父の思想の根底には、この考え方がありました。
蛙の子はたしかに蛙ですが、いろんな可能性をもった蛙なのです。

2 ここまで走っておいで

私が幼稚園に行っていたころのことです。ある日父が突然「楽しいことをするから、こっちへ来てごらん」と、三人の子供たちを集めました。

私は当時5歳半、妹が2歳半で、弟が1歳と少し、やっとよちよち歩きができるようになったくらいの年ごろです。

父は、まず私を3メートルほど離れた場所に立たせ、「ここまで走っておいで」と手を広げました。

言われるまま、私は父の胸に飛び込むようにその短い距離を走りました。見よう見まねで妹も同じように続きます。まだ歩みのおぼつかない弟は、それでもなんとか父のいる場所までたどり着き、その大きな胸に抱擁されました。ただそれだけ、他愛のない遊びですが、父が言うように「楽しいこと」であるのは間違いありませんでした。

優しく微笑む父の胸に飛び込むだけなのですが、何やらわくわくするような高揚感があったことを今でも覚えています。

七田式教育の重要なキーワードの一つに《才能逓減《ていげん》の法則》というものがあります。本書のなかでもたびたび登場する考え方です。記憶の隅にとどめておいてください。

父は20代の半ば、病床で読んだ『英才教育の理論と実際』という本に多大な影響を受けました。そこに次のような理論が紹介されていました。

教育で大切なのは０歳～６歳のあいだであり、そのあいだにどのような環境で育ったかが、その子の性格や資質、才能を決定づける。教育に関するアクションは、０歳に近いほど大きく伸びる可能性があり、遠ざかるほど可能性は次第に減じて（逓減して）いく。

――これが《才能逓減の法則》の大づかみな説明です。

実際の子育てのなかでも、父は常にこの法則を気にとめながら、子供たちと接していました。

そんなある日、父はとある体操選手の著作を読みます。

ご夫婦そろってオリンピックに出場されたという一家の物語でした。このご夫婦の子育て論は、父にとって、とても興味深いものだったようです。

著作によると、ご長女はとても運動能力の高いお子さんだったそうで、お二人は自分たちがオリンピックの選手だから、これは二人の素質がそのまま受け継がれたものと思い込んでいたそうです。

ところが、次女が幼いうちに、夫妻は体育大学の先生としての仕事が忙しくなってきため、お手伝いさんを雇って次女の育児をすっかり任せていました。彼女が4歳のある日、夫妻は愕然とすることになります。それは、次女が椅子の上から飛び降りるのも怖いという子になっていたからです。

慌てて運動の特訓をしてみたけれど、次女は長じても運動が苦手のままだったそうです。

父は、わが子の年齢構成を思い浮かべました。5歳（私）2歳（妹）1歳（弟）。

——ふむふむ、ぴったりじゃないか。思い立つと行動せずにはいられません。

冒頭で紹介したのが1日目で、以来、父の取り組みは続きます。

初めは3メートルの距離を走らせていたのですが、1週間ほどすると50センチ伸ばして3・5メートルを走らせました。また1週間後には50センチ伸ばして4メートル。

最終的には30メートルほどの距離をきょうだいみんなに走らせたといいます。

結果、妹と弟はとても足の速い子供に育ちました。特に妹は中学時代、県下でも有数のスプリンターだったようです。

私のほうはいつまでたっても鈍足のまま。小学校時代は100メートル競走でいつもビリを争っていました。でも、父は足の遅い息子を見て、不甲斐なく思うような人ではありませんでした。

そしておそらく、「もっと早くに特訓を始めてやればよかった」と後悔することもなかっただろうと思います。


――なるほど、こうなるのか。と納得したのでしょう。

運動の取り組みは、もちろん私たちきょうだいのことを思って始めたことです。ところが運動が得意な子供に育ってほしい、という願いのほかに、その真意はもう一つあったと思います。

子供たちを使った実験。

こう書くと、なんだか冷たい親のように思われそうですが、決してそうではありません。

自分の頭のなかにある仮説に解を与えることにより、その後の子育てや自身の教育理念づくりに役立てたかったのです。

ご夫婦で体操教室を営んでいる白井勝晃さんの場合、息子の勝太郎さん、晃次郎さん、健三さんの白井三兄弟ですが、自身の名前を冠する技を多くあみだしている三男の健三さんがもっとも活躍しているようです。

ご夫婦の体操クラブが創設されたのは1999年です。長男の勝太郎さんはそのとき9歳。健三さんは3歳。ご両親の教育や愛情は三兄弟に分けへだてなく注がれたはずですが、体操に最初に触れるのが年齢的に一番早かったのは末っ子の健三さんでした。それがリオオリンピックでの活躍にもつながったのでしょう。

才能を伸ばすことより、環境を整えることが大事

天才の子だから天才。ではなく、才能や資質は環境因子が大きく影響するのです。どんな親御さんでも、この事実を知れば、その日からわが子の才能を伸ばす子育てができるようになるのです。

3 気の済むまでさせておこう

四角い箱から真っ白いものが少しだけ見えている。「何だろう？」と思って引っぱってみると、真っ白いそれはスルスルと箱から出てくる。全部を引っぱりぬくと、今、手に持っているのと同じものが、また箱から少しだけ顔を出す。

初めて見る幼子にとって、箱ティッシュは魔法の小箱です。何度でもやってみたくなります。次から次に中身を引っぱり出し、箱を空っぽにしてしまうのは「子育てあるある」のなかでも上位入賞必定のエピソードです。

実は私自身、同じような経験があります。

まだ１歳になったばかりのころ、母の鏡台の前に座り、化粧水の小瓶を逆さにしてひたすら振っていたのだそうです。蓋が閉まっていれば問題はないのですが、何かの拍子に蓋が開いていたらしく、瓶をひとふりするごとに中身がピシャピシャ出ていたのです。

夢中でやっている私に父は何も言わず、最後まで見守っていたそうです。最後とはもちろん瓶が空になるまでです。

父には次のような思いがありました。

「子供が悪気なくやっていることは童業といって、いたずらに見えても、そうではないことが多い。身に危険がおよぶことでなければ、そのままにさせておくのがいい」

興味のある物事を、危険なものだったり誰かを傷つけたりするものでないかぎり、取りあげるべきではないというのです。

当時の記憶が私にはありませんが、ひとふりするごとに小瓶からほとばしる化粧水のしずくは、光を乱反射させキラキラと美しく輝いていたのでしょう。

父は、自分が生まれでた世界の美しさに興味深く見入るわが子の瞳に、可能性の萌芽を感じたのかもしれません。

もちろん「もったいないからやめなさい」と瓶を取りあげたからといって、私の人生が暗転するわけではないでしょう。


大切なのは、親としての姿勢です。

わが子がどういうものに興味があるのかを見極めるためには、子供の行動を注意深く観察する必要があります。

あの塀の向こうにはどんな世界が広がっているのか、登ってたしかめさせないと、そもそもわが子がどんな世界に興味をもつのかすら、わからないのです。

ただ禁止せずに、少々のことには目をつぶってやらせてみることです。

興味の『興』は「おもしろみ」という意味です。『味』にも「そのものの もっている趣」という意味があります。

そして『興』の字は興奮という言葉に使われるように、感情の高ぶりを意味します。また訓読みをすると「おこ（す）」です。

興味をもって取り組むことは人を興奮させ、いつか才能や素質を興すことにつながるのです。


弟が小学生のときだと思うのですが、ある日、父はレコードプレイヤーを買ってきました。すると、機械いじりが好きな弟は、ドライバーを使って、新品のレコードプレイヤーをバラバラに分解してしまったのです。

でも、父はやはり叱ったりしませんでした。

レコード盤を置けば音が出る仕組みに興味をもった弟に、父のほうが逆に興味をもち、気の済むまで分解する姿を観察したのでした。

父は後日、新しいレコードプレイヤーを買ってきました。しかし、弟はまたこれを分解してしまうのです。父は何も言わず、再び買い直しました。

「結局、同じレコードプレイヤーを三つ買わされたけど、彼は器械工作や実験が大好きな理科の得意な子供になった」

私が大人になってから、父は笑って話してくれました。


親は子に期待するものです。そしてうっかり、よその子と比べたりして「うちの子はあれもできない、これも不得意だ」と否定的になりがちです。

ところが、否定の感情は相手に伝わります。

職場にいる、どうしても好きになれない同僚。仲よくしておいたほうが、何かと都合がいいのですが、どうしてもうまく関係をつくることができない。

誰もが経験したことがあるはずです。

なぜ、うまくやれないのか？

相手に対するマイナス感情が伝わっているのです。同じように、あなたもその人からよく思われていない。


同じことが親子のあいだでも起こり得ます。

子供に対するマイナス感情も、やはり伝わってしまうのです。期待するのはいいことです。ただ、「あれもできない」「これもできない」と、わが子を消去法で見るのはよくない。

よその子やほかのきょうだいと比べて、仮に言葉が遅いとしましょう。このときに「ダメだ」と考えるのではなく、この子はあの子より言葉が遅いのだな、と事実を観察すればいいのです。

いたずらっぽく見えること、ちょっと乱暴に思えること、否定的に見がちなこと。人は一様ではありません。同じ光があたっても、対象物が違えば反射する光の色はさまざまに変わります。

あらゆるものが、子供を知る研究材料になる

どんな光が当たろうが、遮ることなく、まずは観察してみるのです。瓶の口からほとばしる化粧水のように、さまざまに光を乱反射させる美しいわが子の姿を発見できるかもしれません。

4 すごいのができたなぁ

らくがき帳、ねんど、積み木、ブロック。

子育てのなかで必ず使われるアイテムです。どれも触ったことがないという人はたぶんいないのではないでしょうか。

らくがき帳に何時間でも飽きずに絵を描いている。この子は将来、画家やイラストレーターになるかもと、親は想像をたくましくする。どの家庭にでもありそうな話です。

でもちょっと待ってください。何時間も飽きずに描いているのは、本当に絵でしょうか。ひょっとしたら、複雑なかたちの「幾何学模様」では？　はたまた自分だけにしか理解できない「文字」なのかも？

ねんどでも、積み木でも同じです。

ねんどだからといって「もの」をつくっているとはかぎりません。もしかしたら「幸せな気持ち」をかたちで表現しようとしているのかもしれません。

人間の想像力に、底や天井はありません。どこまでも羽ばたいていく可能性をもっています。遊び方を観察すれば、その子の想像力の一部を理解することができるかもしれないのです。

私は妹と弟の三人きょうだいです。私が生まれたときには3歳になる兄がいましたが、私が1歳のとき、兄は急性骨髄性白血病でこの世を去ってしまいました。

そこから妹が生まれるまでの2年間、私は一人っ子として育てられました。

長男を早くに亡くした両親は、次男が寂しがらないようにと考えたのか、私に一人でも楽しめる遊びをいろいろと教えてくれました。

その一つがブロック遊びです。

色とりどりのブロックをつなぎあわせて、「何か」をつくることができます。

最近ではこうしたブロックも進化してきています。ロボットやお人形をつくるときに使う関節を可動させるためのパーツや、自動車の車輪などの付属品も増え、子供たちの想像力をかたちにするためのあらゆる工夫がなされています。

私が買い与えられたころはそれほどでもなく、カラーバリエーションも今ほどではありませんでした。

それでも、つなげていけば頭のなかにあるかたちを目の前に出現させることができるこの玩具に、私は夢中になりました。

「2時間でも3時間でも一心にやっている、その集中力はすごいなと、わが子ながら感心したものだよ」と、後年になって父も語っていました。

もちろん飛行機やロボットのようなものをつくった記憶はありますが、私の場合はもっぱら「模様づくり」に興味があったようです。


ブロックで模様?

ちょっと奇妙に思われるかもしれませんが、そうでもありません。

たとえば幼稚園のひとクラス分くらいの幼児を集めてブロック遊びをさせると、必ず何人かは模様づくりを始めるものです。

私もその一人だったようです。

同じ色のブロックを同じ間隔で斜めにずらしながら5個組みあげていくとします。すぐ隣に別の色を同じようにつなげて組みあげていく。くり返すと色とりどりのギザギザの壁ができます。もっともっと複雑、巨大にしていけばイスラム文化圏のタイルによるモザイク模様のようなものができるはずです。

「ブロックがたくさんあれば、すごい模様のお城をつくることができる」

当時の私は、そんなふうに思ったらしいのです。

自分で言うのもなんですが、イスラムのモスクをつくる職人の発想ですよね。もちろん幼児の私があのような壮大なアートを仕上げたというのではありませんよ。

息子の思いをくみ取った父は、しばらくすると大きなダンボール箱いっぱいのブロックを買い足してくれました。

当時の私が大喜びをしたのはいうまでもありません。せっせとモザイク模様の城づくりに励んだようです。やがて、城は完成しました。といっても、幼児の自分がやっと隠れるくらいの壁を四面つくっただけです。

父は「すごいのができたなぁ」と褒めてくれました。そして私の資質の一つを、つくりあげた小さな城から読みとってくれたようです。

モスクの複雑なモザイクの幾何学模様を見たことがある方であればおわかりいただけると思うのですが、あれは数学の導きだす方法論なくしてはつくることができないものです。平たい壁に複雑な模様を描くだけでも大変なのに、モスクは柱や湾曲した壁、天井などに寸分の狂いもなくびっしりと模様が描かれます。どのようなかたちのパーツがいくつ必要か、隅々まで計算されていなければなりません。

幼いながら、当時の私も手元にあるブロックを同じ色ごとに分けて、それを規則正しく組みあげていくということをやっていました。

たかがブロック遊びと侮ってはいけません。父はブロックで幾何学模様をつくる私を見て、数学に対する可能性を見出してくれたようです。

その後も数字の計算が不可欠なトランプ遊びをたくさん教えてくれましたし、きょうだいで人生ゲームなどのボードゲームをやるときは「厚さんは計算が得意だから、銀行の役をやってくれるかな」と促してくれました。

おかげで小学生の高学年になるころには算数は大の得意科目となり、高校・大学と受験のたびに数学を武器に戦いました。

玩具は子供の興味関心を観測する大きなツール

玩具は買い与えるだけではなく、「ときにはいっしょに遊んで同じ時間を共有することも大切」と父はよく言っていました。

そうすれば、さらに子供たちを間近で観察して多くの発見ができるのです。

5 赤ちゃん言葉は使わない

「いたくないでちゅか～」「ちゃんとたべまちたか～」「見てごらん、わんわんでちゅよ」

いわゆる赤ちゃん言葉。

幼い子供に話しかけるとき、思わず使ってしまいたくなります。全否定するわけではありませんが、使い過ぎには注意です。

子育てにおいて赤ちゃん言葉は一切使わない、という考え方もあるくらいです。

私の父は、赤ちゃん言葉に懐疑的でした。いつも、次のように言っていました。

「赤ちゃん言葉を子供が覚えると、あとでもう一度、普通の言葉に学び直さなければならない」

舌っ足らずな子供は、特に『さ行』が苦手です。

お友だちの「まさおくん」が、「またおくん」「まちゃおくん」になってしまう。「ありがとうございました」は、「ありがとうございまちた」。

「しらない」は、「ちらない」。

「せんせい」は、「てんてい」や「ちぇんちぇい」。

3歳くらいまで、子供たちの発音はそのようになりがちです。子供らしくかわいらしくはあるのですが、彼らはそう言いたくて言っているわけではありません。

医学の言葉に『構音』というものがあります。言葉の音をつくりだすことを指します。音を聞き分けてそれを正しく発音するためにはある程度の訓練が必要です。生活のなかで自然に訓練されていくものが多いのですが、成長段階において構音の発達には、ある程度、規則性があります。

2歳くらいまでの「うーうー、あーあー」の喃語の時期を経て、3歳くらいになってくると、「タ」「ダ」「チャ」などの発音ができるようになります。

4歳くらいになると「カ行」「ハ行」ができるようになり、5歳くらいでやっと「サ行」や「ザ行」が完成していくといわれています。

「せんせい」を「ちぇんちぇい」と言ってしまうのは、好きでやっているわけではないということ。

これを大人が真似て、「おげんきでちゅか……」と話しかけていたのでは、正しい発音を学ぶ機会を奪うことになるのです。

知り合いのお子さんに「サキちゃん」という子がいるのですが、この子は４歳を過ぎても、自分のことを「タッちゃん」と発音していました。そこで、ご両親は３歳年下の弟には赤ちゃん語を使わずに育てたそうです。すると、２歳のときから自分の名前を正確に発音できるようになったといいます。

サキちゃんは、自分のことを「タッちゃん」と思っているわけではありません。きちんと「私の名前はサキ」と理解しているのですが、発音の構造上、うまく発音できていないだけなのです。

『幼児期健忘』という言葉があります。

簡単にいうと「幼児期のことは忘れてしまう」ということ。

脳のなかにある海馬の発達が不十分なため、３歳以前の記憶は成長とともに消えていくというものです。

しかしこれは、言葉による記憶の定着が未熟なだけなのです。

つまり「赤くて丸くてかじると甘い味がするのはリンゴです」という記憶の方法は苦手ですが、リンゴをモノそのものとして理解していないわけではない。リンゴの姿を映像として記憶はできているし、お母さんに作ってもらったすりつぶしリンゴを食べて「おいしい」と感じることもできます。

要するに何歳であろうが、子供は何でもわかっているということ。

生まれる前、お母さんのお腹のなかにいるあいだのことだって、実は記憶できているかもしれないのです。記憶のこうした部分については、未解明なことも多いので、「かもしれない」という表現にとどめておきますが……。

しかし「何もわかっていないかもしれない」と考えるより、「すべてわかっているのかもしれない」と考えるほうが建設的だし、より正解に近いと私は思います。

そう考えれば、日々の子育ての方向性が見えてくるはず。

おむつを替えるときだって、何も言わずバッと前をはだけるのではなく、「おむつが濡れて気持ち悪いでしょ、これから取り替えるからね」と話しかけてあげる。

これは一例です。

つまり、子供を一人の人間として、その人格を認めながら育てるということです。

赤ちゃん言葉で話しかけるということは、大げさにいうと、その子の人格を無視していることにもなるのです。

サキちゃんに対して「タッちゃんお元気でちゅか〜」と話しかけたら、もしかするとサキちゃん本人は、「いやいや、私はサキちゃんであって、タッちゃんじゃないですから！」と思っているかもしれません。

それが記憶のどこかにしまわれているのです。

大人になって自由に取りだすことができる記憶として定着するかどうか、それは未解明ですが、当時の記憶はどこかにあるはず。

そうしたことも含め、親はわが子が弱く未成熟な存在だとばかり思い込まないで接することが大切なのです。赤ちゃん言葉に懐疑的だった私の父の思いの原点は、そこにあるのだと思います。

赤ちゃんを大切にするということは、一つの人格として扱うこと

大事に育てるというのは猫っ可愛がりにすることではありません。

人格を認め、一人の人間として接するということなのです。

6 これはなんという字？

私の父は、結婚前に結核にかかり闘病した経験があります。

でも、病床でただ寝ていたわけではありません。大好きな読書に没頭したそうです。

そこで人生を決定づけるいくつかの重要な本と出会いました。

その一つが『英才教育の理論と実際』です。

ドイツ人の牧師、ヴィッテの著作で、日本では翻訳本が大正期に発売され話題となりました。父はこの本を古本屋で見つけ、貪るように読んだといいます。

前述しましたが、このなかに紹介されていたのが《才能逓減の法則》です（22ページ参照）。

この本と出会ったおかげで、父は幼児教育を一生の研究テーマにしようと決めることができたのです。ヴィッテの理論をベースに、父は独自の研究を続けます。

やがて脳の発達と教育の関係性について、七田式といわれる考えを少しずつ構築していきました。

脳には右脳と左脳があります。

大づかみに説明すると、右脳は感覚的に物事を捉える脳です。感性脳・イメージ脳などともいわれます。

それに対して左脳は、言語脳・論理脳といわれるように、物事を理屈で捉えることが得意な脳です。

直感的、天才的に働く右脳。これを言葉や文字で具体的に表現する左脳。2つのバランスがつりあってこそ、本当の能力は発揮されます。

生まれてすぐの赤ちゃんは、右脳が優位です。理論の左脳が邪魔しないぶん、右脳の能力は全開の状態。ただ、成長するにつれて左脳が優位になっていきます。

自身の研究のなかで、以上のような事実を掴んだ父は、右脳が全開である幼児期の教育の大切さに気づき、わが子にも実践するのです。

これも前述したことですが、私には夭逝した兄がいました。

少しだけ、この兄についてお話しします。

父は長男（淳）のことを、次のように著書に書き残しています。

「子育てには積極的に関わった。淳をよく抱き、妻に負けずに私も世話をした。おむつも

兄淳と厚（左）

上手に換えたし、ミルクも飲ませた。夜泣きには、私も起きて、淳を寝かしつけた。」（七田眞著『生きて来た道・第8集』）

生後2、3カ月でも、時間を見つけては話しかけ、抱いてあやすときには常に自分の目に映るものを指差して「これはおふとん」「あれはかがみ」「この四角いのはタンス」と、一つひとつの名称を言って聞かせました。

別に英才教育をほどこし、天才児をつくりだしたいと考えていたわけではありません。だからつきっきりで世話をしたわけでもありません。普通の親が普通にできる範囲で、最大の効果を生みだすよう、誤解を生むようですが、いわば「研究」していたのです。

長男の淳は、1歳2カ月ぐらいからはっきりした言葉を口に出しはじめました。2歳になったころには多くの日本語を話し、ほぼ問題なく意思の疎通ができるようになりました。字を覚えはじめたのも、その時期といいます。

徐々に「山」「川」「口」など、漢字もどんどん読めるようになっていったのです。

ところが淳は病に侵され、4年半という短い生涯を閉じてしまうのです。家のなかは灯が消えたように寂しくなったことでしょう。

当時、私は1歳と少し。

兄と同じように育てたら、もしかしたら同じような運命をたどるのでは……。

母親はそんな思いにとらわれたと言います。

「早期教育なんかするから、そんなことになったんじゃないの？」

そういった、心ない言葉を投げつける人もいたようです。

両親は次男の私に対して早期教育を封印しました。

それでも「右脳の能力が開いているあいだに少しは始めなければ」と父は思い、私が3歳になったのを契機に、文字の書かれた積み木を使ってひらがな読みの取り組みを始めました。表に桃の絵、裏に『も』と書かれた積み木の表裏を見せて「これは『ももの〈も〉』という字だよ」と何度も言って聞かせるのです。

そして翌日、私に積み木の『も』の字を見せて「これは何という字？」と問いかけます。

同じことを兄は2歳の初めにクリアしています。

「次男の厚だって3歳になっているんだから、簡単にやってのけてくれるだろう」

父はそう思っていたかもしれません。

ところが、私は「知らん」とばかりにそっぽを向いたというのです。

今となっては七田家に伝わる笑い話の一つですが、当時の父はかなりのショックだったようで、前に紹介した著書には次のような言葉を残しています。

「私はあきらめず、厚にひらがなを教え続けた。（中略）「こ」と「も」を並べ、『も』はどっち?」と、取らせようとする。すると厚は積み木をひっくり返して桃の絵を見てたしかめ、「これ」と答える。これでは、文字を覚えたことにはならない。」（七田眞著『生きて来た道・第十集』）

もちろん、その後も父は諦めませんでした。

絵のカードと文字のカードを別々につくり、ひっくり返してたしかめられないように工夫しました。このカードを使って練習を続けた結果、私は1カ月ほどですべてのひらがなをマスターすることができたそうです。

おかげで小学校に上がるまでには『アリババと四十人の盗賊』といった小学校低学年向けの書籍を黙読するほどになっていました。

私の場合は3歳からのスタートです。一般的には決して遅いスタートではありません。さらにいうと、4歳であっても5歳であっても遅すぎるということはないのです。0～2歳までの早期教育を私自身は経験していません。前にも書いたように、理由は私のことを大切に思っていたからです。

つまりそこには「愛」がありました。早期教育はなかったかもしれませんが、父も母も、私　の　こ　と　を　心　か　ら　愛　し　て　育　て　て　く　れ　た　の　で　す。だからこそ、目覚ましいスピードでひらがなをマスターすることができたと思うのです。

愛が伝われば、遅すぎるという教育はない

子育てに自信がもてない、と悩む親御さんはたくさんいらっしゃいます。そういう人には、「子育てに自信をもっている親なんて一人もいない」と言ってあげたい。誰だって不安なのです。

でも、「私たちはあなたのことを愛しているよ」というメッセージが子供に伝わりさえすれば、まずは大丈夫。そこからスタートすれば、遅すぎるという教育はないのです。

第2章

丈夫な芽を吹かせる

◉成長のきっかけとなる提案を楽しむ

1 自分で剥くのなら、全部食べていいよ

私たちきょうだいが幼いころ、父は島根県の自宅で英語の塾をひらいていました。最盛期には、一人で300人以上の生徒さんを抱えていたというから、かなり忙しい毎日だったはずです。

両親は共働きで、母は地元の保育園で保育士の仕事をしていました。

小学生の私と妹を学校に送りだし、父が弟を自転車に乗せて保育園に連れていく、といったような子育てだったようです。

塾は学校が終わってから始まるものです。だから、午前中から午後の早い時間、父は家で読書したり、地域の活動に汗をかいたりといった生活でした。

私が小学校から帰ると、父はちょうど塾での授業の準備を始めている、そういう毎日でした。

日中、母はいません。父は自宅にこそ居ますが、塾の仕事で手が放せません。

そこで両親は、私たちきょうだいのために『おやつ箱』を用意してくれていました。

入っているのはクッキーだったり果物だったり、日によって違います。

きょうだい三人はめいめい、自分の分をそこから出して食べるという、かなりフリーなスタイルでした。ただ、ドーナツやおせんべいのようなお菓子なら、その場で分ければいいのですが、リンゴや梨などの果物だと誰かが剥いて切り分けなければなりません。

昼間、それは父の役目でした。

私が小学校4年生のころ、妹は1年生で弟は保育園。そんな年齢構成だったと記憶していますが、ある日こんなことがありました。

その日のおやつはリンゴ。父が剥いて、きょうだい三人に切り分けてくれました。半分を私に、残りの半分を妹と弟に分ける。そんな感じだったでしょうか。

分け方に文句はないのですが、何せ私は食べ盛りです。半分じゃ物足りなくて、「もっと食べたいよ」と父に言いました。

しかし、そろそろ塾が始まる時間です。

父はもう一つリンゴを取ってきて、「自分で剥くのなら、家中のリンゴを全部食べてもいいよ」と手渡してくれました。

これには当時の私も大喜びです。大きな包丁を取りだし、見よう見まねで無事リンゴを剥いて、妹、弟に分けて食べました。


このエピソードには2つのポイントがあると思っています。
①一人でさせても危険はないだろうという見極め。
②全部食べていいと言っても、この子ならきょうだいに分けるだろうという見極め。
当時の七田家には、やってはいけない4つのルールがありました。

「わがまま」「いじわる」「うそ」「はんこう」

きょうだい全員が読めるように、ひらがなで書かれたルール。リビングの目立つところに貼ってありました。どれも当たり前のことのように思われるでしょうが、実はこれ、けっこう難しいことなのです。

「テーブルの上に乗っちゃだめ」「廊下は走っちゃだめ」――。

具体的な事象を禁止するのは子供にもわかりやすいのですが、「わがまま」「いじわる」

「うそ」「はんこう」は目に見えない概念です。

どういうものが「わがまま」で、どういう行いが「いじわる」なのか、どうして「うそ」がいけないことなのか、「はんこう」したい気持ちはどうして湧いてくるのか。小学校４年生だった私は、この４つのイメージをきちんと捉えていました。

ところが、まだ幼い妹弟たちにとっては難問です。

４つのルールのどれかを破って、ときどき両親に注意されていたものです。

まるで研究の対象物のようにわが子の観察をしている父は、こうしたところからも子供たちの発達段階を測っていました。

以上のようなことを踏まえ、父は次のように判断したのです。

４つのルールをしっかりと理解している厚は、「はんこう」せずに、料理の手伝いもしている。だから、包丁を使わせても大丈夫だろう。さらに「家中のリンゴを全部食べてもいいよ」と言っても、まさか本当にそんな「わがまま」はしないだろうし、独り占めするような「いじわる」もしないだろう。

父の判断どおり、私は自分の指を傷つけることなくリンゴを剥き、物欲しそうな目で見守っている妹弟にカットしたリンゴを分けました。

七田家では、これら4つのルールが発達の物差しになっていたりしましたが、こうしたアイテムは、ほかにもいろいろあると思います。


親の言うことを理解し、ある程度のことが自分でやれるようになってきた。そろそろ自立してきたなぁ、と感じる。だから安心してお手伝いを任せたのに、言ったようにできない。「なんてだめな子供なんだろう……」と思わずため息をついてしまう。どの家庭にもあることです。

しかし、ここで叱っても意味はありません。

この段階の子供は、「自立」はできていても「自律」できていないからです。

素直ないい子に見えても、ルールを理解し、自分を律することができるようになるには、けっこう時間がかかるものなのです。

わが子を「してもらう子」から「してあげる子」に意識して変えてみるのはいいことです。親に何かおねだりするようなタイミングで、「してあげる」だけでなく「させてみる」という、自律を促す提案ができるのではないでしょうか。

私は父に「自分で剥くのなら」と言われたことで、次のステップに自然に成長を促されていたのだと考えるようになりました。あまりに自然なことで、なかなか気づきませんでしたが、今になって思えば、父の視野の大きさを感じざるを得ません。

『してもらう子』から『してあげる子』になる

父は私が「してあげる子」になるよう、自然に成長を促すために、「自分で剥くのなら」とリンゴを渡してくれたのでした。子供のしたいことが、誰かにしてあげることにつながる小さな芽となるように導いてあげたいものです。

2 本立てを買ってみたら？

父は若いころに小説家を志していたというだけあって、日常のなかにいつもドラマを探しているような人でした。

ややもすると何事もなく漠然と流れていく毎日に、ほんの些細なことだけど印象に残るようなドラマを演出しよう、としていたような気がします。子育てについても同じです。

そうはいっても、つきっきりで、ああしろ、こうしろと口を出すわけではありません。

普通の親が普通に工面できる時間のなかで、最大の効果を出す機会を狙っていたのです。ときに思いつきのように見えることでも、後々考えると、生きていくうえでの大きな助けになっていたと実感します。

日常は、心を育てるための物事にあふれています。見逃したらもったいない。

父はかぎられた時間のなかで、少しでも多くのことを体験させようとしてくれました。

英語塾の経営者として、地元銀行との付き合いも仕事のうちなのですが、父は自分が銀行を訪ねるとき、ときどき私を連れていきました。

もちろん、込みいった商談などは一人で行きます。でも、ちょっとした振り込みとか引き出しなどには、私がときどきついて行っていたのです。

銀行とはどういうところで、どんなことが行われており、お金とはどんなふうに扱われているのか。

そうしたことを早くから感じさせたかったのだと思います。

私が小学校2年生のころ、いつものように父と二人で地元の銀行を訪ねました。

用事を済ませ、銀行を出たところで、私は折りたたまれたお札が落ちているのを見つけます。拾いあげてみると、二枚のお札が重ねて四つ折りになったものでした。額面は２００円。

今ではすっかり珍しくなってしまった板垣退助の顔がデザインされた百円札です。

銀行の目の前には横断歩道があり、その向こうに派出所があります。父はそこを指差し、

「こういうときは交番に届けるんだよ」と教えてくれました。

父は私の手を引いて、交番まで連れていってくれ、事情を説明するように促しました。

お札を握りしめた子供が親に連れられてきたのです。おまわりさんも事情を察して、

「お金を拾ったのかい、ありがとう。落とした人も困っているかもしれないね」と頭をなでてくれたように覚えています。

そこでお金だけ置いて帰ってもいいわけです。少額の場合は実際にそうする人も多いようですが、父はあえて届け出をすることにしました。

現金などを拾った場合、拾い主には2つの権利が発生します。

一つは3カ月経過しても（当時は半年）持ち主が現れなかった場合、落とし物は拾い主のものになるというもの。もう一つは落とし主が現れた場合、拾った金額の一定割合をお礼として請求する権利です。

二つ目の権利については放棄したのですが、半年後に落とし主が現れない場合は200円が私のものになるようにすることにしました。簡単な書類にサインなどをしなければならないのですが、父はできるだけ私に書かせました。

半年後、200円は私のものになりました。

同じ交番に行って、思いがけず、板垣退助の2枚の百円札を受けとった私。何に使うのかはまったく考えていませんでした。

「その200円どうする？」

「うーん、貯金？」

「それでもいいけど、学級文庫の本を入れるスペースがなくて、本立てが必要だって言ってたでしょ？　それを買ってみたらどうだろうね」

「２００円じゃ買えないんじゃない？」

「お父さんが足りない分を出してあげるから大丈夫。きっとみんな喜ぶと思うよ」

別に異存はありません。ただ、クラスのみんなに冷やかされるだろうな、という思いは子供ながらにありました。


早速、私は父といっしょに文房具屋さんに行き、本立てを買ってそれを小学校にもっていきました。担任の先生に事情を話して本立てを渡します。

そこで終わってくれてもよかったのですが、先生は「七田くんが拾ったお金を元に本立てを寄付してくれました」と全員の前で説明してくれました。

思ったとおり少し冷やかされましたが、クラスメートたちは素直に喜んでくれたように思います。

父はいつも「〇〇しなさい」と命令はしません。このときも「本立てを寄付してみたらどうだろう」と提案しただけです。

私が「お菓子を買いたい」と言っても、たぶん叱ったりしなかっただろうと思います。

ただ、わが子の性質をよく理解している父は、私が提案に乗ってくることを見越していたのだと思います。

本当に小さなエピソードですが、当時のこの思いは今でも胸の奥にしっかりと残っています。お菓子を買えば忘れてしまったかもしれないエピソードに、ドラマが演出されているので深く印象に残ったのです。

ドラマといっても、何もクリスマスや誕生日に凝った演出をしようと言いたいのではありません。もちろん、それも大切なのですが、ドラマは毎日のなかに隠れていて、信じられないような感動を生んだり、一生、忘れない印象として残ったりするものです。

当たり前を当たり前と見逃さず、わが子とともにドラマを見つけだすことはとても豊かなことです。

親のちょっとした提案で、日常のなかに自然にドラマを紡ぐこともあるのです。

いつもと違うこと、人とは違うことを提示してみる。すると、子供は何も教えなくても、何かを学ぶことがあるのだと、父との体験で私は知ったのかもしれません。

高校時代に私はもう一度お金を拾います。

通学路で自転車をのんびりこいでいたとき、折りたたまれたお札が目の前の路上で風に揺られているのを見つけたのです。このときは五千円札と千円札が1枚ずつでした。

そのままポケットに入れてしまうという発想はゼロ。

これはやはり、小学生のときに父に手を引かれて交番に行ったという思い出があるからだと思います。お金を何に使ったかまでが一連のドラマになっているので、忘れようはずがありません。

高校生のこのときも、すぐに交番に届けに行きました。

やはり、半年後にそのお金は拾い主の私のものになるのですが、どうやって使ったのか、何を買ったのかまったく覚えていません。小学生のときの２００円も、自由に使っていたとしたら記憶に残ることはなかったでしょう。

こうした記憶が「僕のことを考えてくれている」「愛してもらっている」という思いにつながり、自己肯定感を高める助けとなってくれるのです。

当たり前じゃない提案で、ドラマとなる経験を得る

うっかりすると流れてしまう日常のなかにちょっとした引っかかりを見つけて成長の手がかりとする。人生の先輩だからこそ、子供たちを導いてあげられるのです。ちょっとくらいあてが外れてもいいじゃないですか。当たり前じゃない提案をしてあげると、その後の人生に大きく役立つ可能性が生まれるかもしれませんよ。

3 特別なレッスンをするよ

父の英語塾は、当たり前ですが、学校が終わったあとに始まります。そして、その日の授業が終わるのが夜の10時をまわってしまうこともありました。

黒板の前に立ち、ときどき笑いをとりながら授業をする父の姿。父の話をノートに書き写している生徒さんたちの姿。

子供のころ、私はもっと父にかまってほしかったという思いが未だにぬぐいきれないのですが、仕事だから仕方ないなと、がまんするしかなかったことを思い出します。

塾は土日も休みではありません。学校のない週末や春夏冬の長期休みなど、かえって忙しかったほどです。

そうした事情も影響しているのでしょう。車がない家だったこともあるでしょう。七田家の家族仲はすこぶるよかったのに、レジャーで、みんなで出かけた思い出があまりありません。

でも時折、学校の修学旅行などで生徒さんが休みになって、塾の授業の時間がぽっかり空くことがありました。

そんなとき、父は私たちきょうだい三人に声をかけました。

「おーい、みんな～、特別なレッスンをするから集まっておいで」

いつもは生徒さんが使っている机につき、黒板の前に立つ父を見上げます。もうそれだけで、私たち子供の心はわくわくなのです。


子育てにおいて、友だちのような親子関係を勧める方もいます。

愛情表現として、ときにはそうした見え方もあるでしょうが、親子と友だちはまったく違うものです。そこには一定の距離があります。

私の父は、生活のなかで自分の時間をとても大切にする人でした。大げさにいえば、読書を始めると地震が来ても気がつかないくらいでした。


小学生のころ、私はオセロボードを抱えて、父の仕事部屋に行ったことがあります。父はいつものように読書中でした。私が部屋に入り、「オセロしよう」と誘っているのに、広げた本に視線を落としたまま、まったく気づいてくれないのです。

私はそのとき、妹と弟のいる居間に引きあげました。

「ねぇねぇ、これやろうよ～」と、さらに父に近づいて言えば、視線を上げてくれたのでしょうが、父の読書の邪魔をするのが悪いことのような気がして、それ以上、踏み込めなかったのです。

でも、英語教室で時間の空いたときに行われる「特別レッスン」は、遊びよりももっとわくわくするものでした。

たとえば、そのときに教わった速算法は、今の仕事にも役に立っています。

「32×38」という2桁の掛け算。学校で習う計算方法だと、２つの数字をタテに並べて書いて、筆算をします。

普通の子供は、その方法しか知りません。

ところが、算数、数学はもっと自由。正解にたどり着く筋道はひと通りではありません。

父の教えてくれた速算法は、「32×38」の場合を例にとると、次のようなものです。

十の位の「３」より１多い４をかけて12、一の位の「２」と「８」をかけあわせて16。

これを並べて１２１６。

すべての数字でこの方法が適用できるわけではありません。いくつかのルールを覚える必要があるのですが、それをクリアすれば素早く計算できます。

ほかにも「何桁の数字でも、すべての位の和が3の倍数であれば、その数字は3の倍数である」といったものもありました。これなどはけっこう便利で役に立ちました。

このときに興味の芽を伸ばしてもらったおかげで、その後、速算法の本も出版することができました。


父は満州で生まれ、中学まで中国大陸で過ごしていたので、簡単な中国語も話すことができました。その知識を活かした英語と中国語と日本語のミックス授業なども、とても印象に残っています。

たとえば手にリンゴをもって、「This is an apple.」と黒板に書く、その下に「这是苹果。」と書く。そして正確に発音してくれるのです。

中国語の童謡も教えてくれました。こうしたちょっとした知識が、現在でも頭のなかに残っており、それがきっかけで、私はいろんな国の言語に興味をもつようになり、大学では英語は履修せず、ドイツ語とフランス語を学び、ロシア語もかじりました。


商工会議所の議員などの集まりで、地元の先輩方とお話をする機会があるのですが、「お父さんのやっていた英語塾に通っていたよ」と、話題になることが少なくありません。

そんなとき決まって「先生は、ときどき勉強とは関係のない話、たとえば、耳なし芳一の話とかしてくれて、それがとても楽しかったのを今でも覚えてる」といった思い出話をしてくれます。

父は授業に飽きてしまいがちな生徒たちの意識を黒板に戻すために、あえてこうした「関係ない話」をしていたのでしょう。

学校の勉強と少し違う視点で、その周辺の話題を子供たちと共有するのは、有形無形のさまざまな栄養を与えることになるのです。


――そんなふうに教えることができるものなんて、私には何もないよ。

と思ってしまうお父さん、お母さんもいらっしゃるかもしれません。

でも大丈夫、なんだっていいんです。ご自分の得意分野でけっこう。そうした「興味」を子供たちと共有するだけで、彼らの心のわくわくの芽を伸ばすことができます。

読書家だった私の父も、そのときどきに読んだ本から得た関心を、子供に向かって話しかけてみることで「特別レッスン」していたことも少なくありません。

実際、わが家の速算法だって、興味をもったのは私だけで、妹や弟の印象にはあまり残っていないようです。

逆に、私の心にはあまり残らなかったけれど、彼らには別の「特別レッスン」が残っているのだと思います。

自分の興味のあることでよいのです。

その知識を投げかけて、子供たちと同じように考えてみる、そうしたやりとりのなかにこそ、学校では教わらない栄養が詰まっているのです。

親子で興味や関心を共有してみる

親の興味を披露する。子供が喜んでついてくればしめたもの。その興味を広げてあげましょう。何にせよ、ときどき球を投げてあげなければ、打ち返すことはできません。球探しも、親の大切な役目といえるのです。

4 百人一首をやってみない？

実をいうと、私は百人一首が得意で、上の句を聞けば、すぐに下の句を諳んじることができます。幼いころ、父に「百人一首をやってみない？」と誘われたのが、そもそものきっかけです。

最近はマンガでも取りあげられるようになっているので、ご存知の方も多いかと思いますが、百人一首は日本文化を代表するものであって、ゲーム（競技かるた）としても洗練されています。

私の生まれ育った島根県は、飛鳥時代の歌人で、三十六歌仙の一人に数えられる柿本人麻呂ゆかりの地です。

百人一首には、次の歌が収められています。

あしびきの　山鳥の尾の　しだり尾の
ながながし夜を　ひとりかも寝む

——山鳥は独り寝をするというが、その山鳥の長く垂れた尾のように
いつまでも明けようとしない秋の夜長を、私も独り寂しく寝ることになるのだろうか

こうした歴史的な背景もあり、島根県では百人一首がわりと盛んです。父もたいへん得意で、私たちきょうだいも早くから、その楽しみ方を教えてもらっていました。腕前はどんどん上がり、地元の小・中学生の大会で優勝し、高校1年のときにも校内の大会で優勝しました。

こんな話をすると「私は中学校の時分に古文の授業で百人一首を覚えさせられたけど、まったくおもしろくなかった」という返事がかえってくるかもしれません。

しかし、断言できます。「百人一首はおもしろい」

和歌のお勉強と考えるから楽しめなかったのでしょう。

今の子供たちを見ていると、とても複雑なカードゲームに熱中しています。一枚いちまいに意味があって、わけのわからない呪文が添えられたカードなんかもある。

もし、あれが学校の授業で教えられたりしたら、私も逃げだしたくなるでしょう。

ところが、子供たちは喜々としてその呪文を覚え、カードの意味を把握しようとします。

百人一首もまったく同じです。

違うのは、こっちは勉強にも役立つということ。でも、それはあくまでも副次的なものです。かつての子供たちは、意味もわからず論語の素読をやらされました。戦中戦前派のお年寄りは、たいていいくつかを諳んじることができます。

最初は意味もわからずただ暗唱させられていた言葉も、年を重ねるごとにどういう状況なのかを自然と理解していく。

――シイワク、マナビテトキニコレヲナラウ、マタヨロコバシカラズヤ

これでは、わけがわかりません。ところが大人になって、

――子曰く、学びて時にこれを習う、亦説ばしからずや

となれば、意味はなんとなくとれます。言葉とはそういうものかもしれません。百人一首の言葉たちも、私のなかで生きています。そして、さまざまな影響を及ぼしてくれるのです。

そうした影響を、父は独自に分析し、著書に次のように残しています。

「意味もわからずに頭の中に叩き込んだ言葉の群れは、深層意識の中で漢文脈をつくり、文章を書くときに、格調のある文章となって出てくるのです。書くものがぜんぜん違ってきます。潜在意識へのインプットが、後年その人の高い資質となって出て来るのです」

父の考え方を応用し、七田式では漢詩の「暗唱文集」をつくって教室で使ったりしています。小学生のお兄ちゃんがやっているのを聞いて、2歳の弟が暗唱してしまうこともあります。

スウェーデンのヨーテボリ大学では、2~3歳の時期に記憶の訓練をすると、頭のなかの記憶の回路が育ち、その後の学習に大いに役立つといった研究成果を発表しています。百人一首も、そういう意味で大いに推奨できます。

それに、なんといってもおもしろい。

上の句を聞いて、目の前に並べられた下の句の札のなかから正しい札を取るのが競技の基本なので、上下の句の覚え方によって勝敗も変わってきます。

たとえば、上の句の頭の1文字だけで、下の句が特定できるものが7つあります。

「む」「す」「め」「ふ」「さ」「ほ」「せ」。

上の句の頭が「さ」の札は、

さびしさに　宿をたち出でて　ながむれば
　いづこも同じ　秋の夕暮れ

この1枚だけ。こういう札が7枚あるということです。

さらに、２文字で決まる歌は42あります。

まずは1字決まりの歌を覚える。これだけでも、初心者からすれば仰ぎ見るような強さになれます。

対戦すればおもしろいように取れる。２字決まりの42首を全部覚えようものなら、もう神の領域です。ただ、トーナメントで勝ち上がっていくと、そうした手練ばかりになってきて、熱戦となるのです。

強くなればなるほど、心理戦や自分なりの作戦なども絡みあい、複雑な勝負となっていきます。

どうです？　聞いただけでもおもしろそうでしょ。

私は、これを父から手とり足とり仕込まれました。

古典のお勉強のように教えるのでも、「おもしろいからやりなさい」と誘うのでもない、ただ「勝負に勝つにはこうすればいいんだ」という方法を教えてくれるのです。まるで、スポ根マンガに出てくる親子のような感じです。

徐々に強くなってくる息子を見て、父もやはり熱くなるようで、次々と新たな技を教えてくれます。

父の書棚には百人一首関連の本が並んでいました。つまり、自分も研究しながら教えていたのです。そういう意味で、私と父は切磋琢磨の関係にあったのかもしれません。

親のプレゼン力で、子供の関心を呼び起こす

自分の子供にどうしてもこれだけはやってほしいという事柄がある場合、ただ「やりなさい」というだけでは失敗する可能性が高い。まず自分が好きになり、研究し、おもしろさを理解してから勧めると成功します。

社会に出てからのプレゼンと同じですね。

5 家族会議をしよう

私が小学校4年生くらいのころ、父は月に1回、家族そろっての会議を開くことを提案しました。

「子供たちに自主性や企画力、つまり自分で考える力を養ってもらいたいと考えたからなんだ」後年、このように語っていました。

家族会議が始まったころ、妹は小学校1年生、弟はまだ保育園に行っていました。

会議の内容は子供たちに任され、議長は月に1回、子供たちの持ち回りでした。

メインの議題は、その都度違うのですが、毎回定例の発議もありました。

それが「各自の達成目標」です。「お手伝いの目標」「勉強の目標」

夏休みなら「プールで25メートルを泳ぐ」などの目標もありました。

それぞれが目標を達成すると、「連帯責任」ならぬ「連帯ごほうび」が待っています。

誰か一人でも目標達成できれば、家族みんなでちょっとだけ贅沢な外食に連れていってもらえるのです。だからきょうだい同士、なんとなく応援しあうような空気もあって、なかなか楽しい会議でした。

しかし、漫然とやっているだけでは会議はマンネリ化してきます。このあたり、会社の定例会議なんていうものも同じかもしれません。ときには、より大きな問題提起や新しい提案がないと、会議は停滞するものです。

家族会議は、そうした問題提起や提案を子供たちが自発的にできるように心がけることが大事だと思っています。子供たちに「企画力」を発揮してもらうのです。

七田家の家族会議には、子供の「企画力」を発揮する場面がいろいろありました。とはいっても、「企画力」とはどういった力でしょうか。

テーマを探して、ゴールを定め、問題点を洗いだし、これを乗り越えてゴールのビジョンを具体的に描く。そうしたこと全体をマネジメントする力が企画力だと私は考えます。人が生きていくうえでとても大切な力です。学力などよりもずっと必要なことではないでしょうか。

こうした力を養うため、家族会議ではときどき大きなイベントについての発議がされました。たとえば、「今度のゴールデン・ウィークに2泊3日の家族旅行を実施します。行き先はどこがいいですか」といったものです。

会議の内容は子供たちの自主性に任されるとはいえ、「ハワイに行きたい」「だったら行こう」というようなことにはなりません。経済的にも、日程的にも、現実的じゃありませんからね……。

私たちが住んでいたのは、島根県の江津市という小さな街です。

父も母も自動車の免許を持っていないから、わが家の旅行は公共交通機関を使うのが定番でした。旅行はもっぱら電車で4～5時間の範囲が選ばれました。

今でもよく覚えているのは広島県の宮島への旅行です。

小学校の社会科の授業で「宮島」、そして「厳島神社」というものがあるのを知った私が、家族会議で提案したものでした。

宮島には鹿がいっぱいいるらしいということも、行きたくなった理由の一つです。

「お兄ちゃんが言っているのだから」

ということで妹も弟も賛成してくれました。会議では無事、行き先として決定したのですが、本番はここからです。

そこからは実行に向けての本格的な「企画」が始まります。自分で企画して、次の会議に提案しなければいけないからです。妹も弟も楽しみにしているのは、よくわかっていますし、自分のテーマで行き先が選ばれたのだから、俄然、張り切りました。

まずは地図を広げます。山陰からだと、当時は江津の駅前から広島まで、電車とバスを乗り継いで、しっかり4時間はかかったと思います。

何時に家を出れば、どの電車に乗ることができて、どのバスに乗り継げるか。当時はインターネットなどありませんから、両親に時刻表の見方を教わりながら計画を立てたものです。

また、宮島とはどういう場所で、厳島神社とはどんな文化・歴史をもった場所なのか、といったことも並行して調べます。

こうした自発的な行動のすべてに「企画力」が養われたのはいうまでもありません。

「どこに行きたいのか?」という議題になっても、アイディアが浮かばないこともあります。そんなときは「やまびこ話法」です。

やまびこ話法とは、子供たちの問いかけにおうむ返しで返す話法のこと。

「行きたいところがない」

「そうか、行きたいところがないか。じゃあ、何がしたい？」

「海水浴がしたい」

「海水浴がしたいんだね。だったら、海がきれいな場所がいいね」

といった具合です。

ネガティブな発言も押さえつけることなく、子供たちの発言をくり返して、さらに視点を変えた質問をしていくのです。

そうすると、おのずと「やりたいこと」「行きたい場所」が見えてくる。

これはさまざまなことに応用可能です。

「もう勉強したくない」

「そうか、勉強したくないか、じゃあ、何がしたいの？」

「遊びたい」

「遊びたいんだね。それで、どんな遊びがしたいの？」

このようにして、子供たちが自分で考えなければならない方向に連れていくことができるのです。

しばらく好きなように遊ばせてやるのもいいでしょう。実は遊びたいわけじゃなかったりします。集中力が切れたとか、ただ甘えてみたいだけとか、勉強の中断はそうしたことが多い。少し気分転換をするほうが、だらだら勉強を続けるよりずっといいのです。

頃合いを見計らって、「どう、気が済むまで遊んだ?」と問いかければ、案外と素直に机に戻るものです。

大切なのは、押さえつけず、子供たちに考えさせ、選択させることです。親は提案につとめる。

「○○しなさい」方式では、素直な子供たちでも思わず反抗したくなるのです。

「○○してみてはどう?」と提案していく。要は子供たちを一人の人間としてその人格を認めることが、彼らの自主性、つまりは「企画力」を育てることにつながるのです。

家族会議を運営するための役割を子供たちが分担して企画力を育む

家族会議で何かが決まったあとも、それで終わりにせず、その後、実際の運営までを見守ってやる。そこからが本当の訓練なのです。

6 目標を立てよう

前項は、家族会議について取りあげたのですが、ここではその続きを述べます。

私が子供のころの七田家では、月に1度の家族会議で各自の努力目標を設定するのが恒例だったのは書いたとおりです。

会議の議長は子供たちの持ち回り。当時、私は小学校4年生になっていましたからいいとしても、きょうだいたちはまだ幼く、スムーズに議長の責務を果たせなかったのではないかと思います。

保育園児が議長を務めるというのは、いくらなんでもちょっと早かったと思いますが、そのことがあってか、その後、児童会長にも生徒会長にもなりました。

そんなわけで、ときどき両親が介入するのですが、助け舟が入るのは幼い妹弟ばかりではありません、私の発言にも、親が助言してくれることがありました。

たとえば私の努力目標が「1日に漢字20個を覚える」だったりすると、「20個は難しいんじゃないか」などとなります。欲張りすぎる目標を、子供たちの身の丈に合わせて調整させるのは難しくありませんが、その逆は少し工夫が必要です。

目標設定↓クリア。次なる目標設定↓クリア。

これをくり返していると、子供たちも慣れてきます。そして人間は放っておくと楽なほうに流されてしまい、目標設定を小さくしがちなのです。

だから、大目標にたどり着くまでに小さな目標をいくつか設定し、クリアしていく喜びを感じながら進めるのがとても有効なのです。


ただ、そのサポートは難しいものです。

わが子の設定目標が「夏休みのあいだ、毎日、英単語を２個覚える」だった場合、大人はたぶんこう考えます。

「中学生にもなったんだから、もっとできるでしょ」

そして、そのままを口に出してしまうのです。

これでは反発心を生んでうまくいかないこともあります。

そこで、次のようなひと工夫を提案します。

子供たちの成長をよく観察していれば、「この子ならもう少しいけるだろう」という判断がつくものです。

子供の提示した目標が「英単語1日2個」だとして、これではちょっと少ないなと感じたのなら、たとえば次のような提案はいかがでしょう。

「1日2個だと、1カ月で60個だけど、5個ずつやると150だぞ。1年で2000個近くになるぞ。すごくないか?」


目の前の小さな目標を示し、それが生む大きな効果(大目標)を感じさせる。つまり「見えないものを見える化」して、そこに大目標を潜ませるのです。

週単位、月単位の目標をクリアし、年単位の大きな目標に向けて知らず知らずのうちに努力する。これぞ理想です。

親と子がスタートとゴールを共有し、同じ方向を向いて伴走すれば、少しくらいイバラの生えた道でも、子供たちは走りきることができるのです。


さらに七田家では、年末になると、「わが家の十大ニュース」の発表が待っていました。これも毎年の恒例です。

私が親になった今でも続く、七田家の伝統行事になっています。

私が結婚し家族ができた年から30年以上、十大ニュースをノートに記録しつづけているので、年末が近づくと、昔のニュースを眺めては、当時のことを思い出しています。

家族の歴史が詰まった「十大ニュースノート」。ちょっと羨ましくないですか？

これ、いつ始めても遅くありません。今年からやってみてはいかがでしょう。家族が少なくたって、そんなことは関係ありません。家族は家族。そして思い出は歴史そのものなのです。


「マラソン大会で入賞した」「学級委員長になった」「一人でお風呂に入ることができるようになった」ノートを見返すと、実に他愛ないことが書かれています。

でも、これが当時はたしかに十大ニュースだったことは、わかってもらえるでしょう。

また歴史を見返すことで、新たに気づかされることも多いものです。それは、出来事を家族会議で共有し、記録に残すことで、より多角的にわが子を観察する機会を得ることになるからです。豊富に観察できれば、よりわが子を知ることができます。

私の息子娘たちは三人きょうだい、一番上の息子と末っ子が8年離れています。

十大ニュースを見ると、長男が自転車に乗れるようになったのが小学校3年生のときでしたが、娘は2年生のときに乗れるようになっていました。さらにその下の弟は1年生で自転車の補助輪がとれている。

親の教え方が上達したというのもあるかもしれませんが、下の子には上の子という目標があり、「お兄ちゃんが3年生のときなら、私はそれより1年早く乗れるようになる！」と発奮した可能性もあります。モチベーションアップのためのアイテムとしても使えそうです。

目標を決めて、そこのゴールまで行きたいと自発的に思わせ、そこまでの道筋を本人に選ばせる。ここまで主に子供たちの目線で語ってきましたが、以上のことをうまくやり遂げるためには、親がわが子のことをよく観察して知っておくことが必要です。

わが子のことを何も知らなければ、目標設定の手助けもできないし、家族会議だって白けたものになります。年末の十大ニュースだっていっしょに楽しむことはできないでしょう。「この子なら、○○くらいならやれそうだ」「この子はこんなことに興味があるのか」と、日ごろから観察しておく。

何もつきっきりになれといっているのではありません。普通の生活のなかで支障なく会話できればそれでいいのです。小学校の低学年くらいまでは、たとえば1日に30分でもいいから、親子で会話する時間をつくることができればいいですよね。

スタートとゴールを共有して、プロセスを考えさせて自立心を養う

すごく成績がいいのに、「親から勉強しなさいって言われたことがない」なんてことを言う秀才がいますよね。彼らは勉強をしていないわけではないんです。親が言う前にやっているだけ。さらにいうと、親に上手くコントロールされ、勉強するように仕向けられているだけなんです。

すべてはわが子をよく観察し、その子の個性に合ったサポートをするところから始まるのです。

7 英語のカセットテープを聞こう

父は1929（昭和4）年に満州の大石橋盤龍街（現・中国 遼寧省大石橋市）というところで生まれました。翌年、生みの母は結核のため亡くなります。1936（昭和11）年に北京の東城第一小学校に入学。中学校も同じく北京の学校に通うのですが、1944（昭和19）年、戦争が激しくなってきたため、授業は中止されました。

終戦後、日本に帰ってきてからは苦労の連続だったようです。1948（昭和23）年には旧制松江中学校（現・松江北高等学校）の2年生に18歳で編入しました。

戦争中は家計を助けるために昼間は農作業。そこで精魂を使い果たし、勉強はほとんど手につきませんでした。

戦争が終わって下の学年に編入したわけですが、英語の授業に出たらさっぱりわからない。これはまずいということで、夏休みの1カ月間で3000語を覚えるという無茶とも思える目標をみずから掲げ、見事に成し遂げるのです。

がむしゃらに努力を続けた結果、英語が一番の得意科目になり、その後は英語を生活の糧とするまでになったのです。

自分は英語を大人になってからモーレツな努力によって手にしたが、幼児期から少しずつ始めさせればどうだろう。しかも英語教師である自分が手とり足とり教えるのではなく、極端な言い方をすると、まったく英語を知らない人でも教えることが可能な方法……。

そこで思いついたのが、子供たち、つまり私たちきょうだいに英語のカセットテープ教材を聞かせるという方法をとったことは、この本の最初で書いたとおりです。


これは親しい友人に聞いた話ですが――。

ある外交官の方が、2歳の息子を伴ってフランスに1年間駐在した。

当然、息子は毎日のようにフランス語のシャワーを浴びます。しかし2歳の息子さんは、フランス語はおろか、日本語もままならない状態だったそうです。

その後、日本に帰国し、8年後にまたフランスに家族を連れて駐在することになった。するど10歳になっていた息子はあちらでの生活が始まるやいなや、ものすごいスピードでフランス語をマスターしていったそうなのです。

2歳のときに浴びたフランス語のシャワーが8年間、体のなかから消えずにとどまっていたのでしょう。

もちろん、幼いときに外国語を聞きつづければ、ただそれだけで言葉をマスターできるというものではありません。

妹は、今では日本よりもアメリカに住んだ時間のほうが長く、英語の通訳を立派にこなしていますが、中学時代には英語の教科書をすべて諳んじて言えるようになるまで読み込むなど、やはり努力はしているのです。

ただ「やっぱり聞きとりは楽だった」と妹も言います。

聞きとるのが楽で、発音がいいというのは、大きなアドバンテージです。明らかに幼児期のカセットテープのおかげです。

正確に聞きとる耳があるおかげで、英語の習得は彼女にとって楽しいものでした。小学生のとき、英語しか使ってはいけないという、長野県で行われた「英語スキー合宿」にも弟とともに参加しました。

その数日で、彼女は英語どころか信州弁まで身につけて帰り、「あなたは本当に耳がいいね」と家族じゅうで笑ったものです。

幼児期の教育がその後の学習効果に大きく影響する《才能逓減の法則》を提唱したヴィッテの息子カールは、幼児期にすでに3万語の語彙をもち、フランス語、イタリア語、ラテン語、英語、古代ギリシヤ語をマスターしていたそうです。

わずか9歳でライプチッヒ大学に入学を許され、14歳で哲学博士、16歳で法学博士になり、ドイツの各大学で法学の講義を行ったといいます。


カールの父親はドイツの小さな田舎町の牧師さんでした。この人がカールにほどこしたのが幼児教育だったのです。

私の父はヴィッテの『英才教育の理論と実際』という本を読んで、幼児教育の研究家になることを志すようになったのですが、天才的なカールのことよりも、その父親の言葉に感銘を受けたように思われます。

牧師であるカールの父親は、その著書のなかで次のように語っています。

「自分は天才をつくるつもりで、このような教育をわが子に施したのではない。ただ円満な人格の人間を育てようとした結果、このようになったのだ」

実は、私の父の思いも同じところにありました。

カセットテープを聞かせることでゴールまで連れていこうとしたのではなく、そうした「教育以前」の習慣が、将来どのように結実するかをたしかめてみたかったのです。またその効果を確信してもいたはずです。

事実、3歳下の妹と5歳下の弟は二人とも英語を自由に話します。

かくいう私も、自在に操ることはできないにしても、少なくとも英語に対する苦手意識をもったことはないし、長じて英語以外にも外国語に興味をもち、高校のころからときどき、NHKラジオのフランス語講座を聞いていました。

大学時代、学校では英語を履修しませんでしたが、月に1度、アメリカ人の方のお宅にお邪魔して日常英会話を話す機会を父が用意してくれました。そのとき、「あなたの英語の発音はどうしてフランス語なまりなの?」なんて指摘されたのを覚えています。

高校時代、受験勉強そっちのけで意欲的にフランス語講座を聞いていたから、そうなってしまったのでしょう。私の耳もまんざら捨てたものではないと、悦に入ったものです。

親の意図を超える子供の能力や関心に、大きな可能性が宿っている

子供のころに聞かせてもらった英語のカセットテープ教材が、私たちきょうだいの語学学習のベースであることは間違いありません。

ただ、英語を身につけさせようという父の意図が強かったからではありません。父はその機会を与えてみただけです。適切な機会を与えられれば、子供は自分の関心のままに、未開発な能力の可能性をどんどん広げていくものです。

8 新聞をとってくれる家を増やしてみないか？

前にも書いたとおり、父は子供たちを家庭に閉じ込めるのではなく、折に触れ大人の社会を覗かせるのが、教育方針でもありました。

父自身も、社会への視野を広げる努力を怠らない人だったと思います。

私が小学校2年生の冬、父は「米国で大評判『0歳からの教育』日本に上陸」と大きな見出しのついた週刊誌の記事を読みます。

「ついにこの日が来た！」

父は、記事をもって地元の新聞社・江津タイムズ社に出かけます。

編集長に雑誌の記事を見せ、

「ぜひ0歳からの教育について、コラムを書かせてください。これからは日本の教育が変わります。いえ、変わらなくてはならないのです」思いの丈を語ったそうです。

当時の江津タイムズは週刊のタブロイド新聞でした。父は以前、この新聞で郷土史に関する連載をもっていた関係もあり、「0歳教育」の連載はすぐに決まりました。

父はご近所で付き合いのある方々に「最近こんな連載を始めたんですよ」と新聞を紹介しました。なかにはおもしろそうだからとってみるか、と言ってくれるお家もあったようで、数軒の新規購読が決まりました。

そして1年後、そこに週に1回新聞を届け、さらに月に1度集金をするのが私の役目となりました。家の手伝いをしてお駄賃をもらう程度の経験はありましたが、新聞配達と集金はそれとは違います。完全に、お手伝いの域を超えた仕事です。

たしか購読料は月額200円でした。1軒集金するにつき、アルバイト料は50円。集金するのは10軒ほどだったので、合計500円の収入でした。

その週一のアルバイトに慣れてきたころ、父は私に言いました。

「新聞をとってくれる家を増やしてみないか?」

自分で新規購読者を開拓してごらんというのです。

「もし10軒増えたらアルバイト料金は倍の1000円になるし、購読者を1軒増やすごとに、別にボーナスを50円出そう」

なかなか魅力的な提案でした。アルバイト料もさることながら、社会の一員として振る舞うことに気持ちが熱くなったのを覚えています。

カフェ、コンビニエンスストア、ガソリンスタンド。

生まれて初めてのアルバイトは、一般的にはだいたいこんな感じかもしれません。そこで必要な役割をこなす。それができるようになったら、役割の幅を広げてみる。そういう経験も、アルバイトで初めて実感するものでしょう。

私はこれを小学校４年生で経験したのです。

近所の家々を訪ねると、「あーら、厚ちゃん、えらいねぇ」と言われ、「新聞ね。じゃあ、来月からお願いするわ」などと、いくつかの新規顧客がすんなり決まりました。

今考えると、「近々うちの厚がお宅にうかがって新聞の購読をお願いすると思いますので、よろしくお願いします」という父の口先介入があったのかもしれません。

私は新規開拓がおもしろくなって、少し離れたところに住んでいる友人の家に行ってお母さんにお願いしたりもしました。

おかげで配達先が30軒ほどになり、小学生にしてはそこそこの高給取りになったのです。

アメリカでは、夏休みになると子供たちが家の前に手製の屋台を組み、そこで自家製のレモネードを売る姿がよく見られます。

自分で書いた「LEMONADE 10¢」などの看板、道行く人を呼び止める営業活動。大人たちはたとえ口に合わなくたって笑顔で買ってくれる。

世界一の起業大国であるアメリカの、まさに屋台骨は子供のころのこうしたアルバイトにあるのです。


七田家の話に戻ります。

担当営業先を30軒も抱えてしまった厚少年は、自分の仕事量に不安を感じます。

ということで、ときどき妹や弟を雇用しました。

つまり、配達や集金を彼らに手伝ってもらったのです。もちろん、賃金も支払いました。

ちょっとした経営者になったわけです。1軒あたりの手数料を妹弟と取り決め、その合計を私が支払う仕組みにしたのです。


小学生のころ、お金はどのようにして自分の手にやってくるのか、考えたことがありましたか？　両親が財布を開けて取りだすのがお金だと思っていませんでしたか？

そうではありませんよね。

労働の対価として支払われるのがお金です。

日本人は、お金を「汚いもの」と感じるきらいがあります。お金が汚いのならそれを生みだす労働も汚くなってしまいます。

お金はきれいでも汚くもありません。あくまで労働の対価なのです。

そしてお金は価値を測る概念であり、実態でもあります。なくなってしまうこともある。

辛い経験も、ちゃんとこの新聞勧誘のときに味わいました。


ある日、すべての集金が終わり、揚々と家路についていました。ところが集金袋の底に穴が開いていたのか、路上にお金をばらまいてしまったのです。

購読料が２００円なので、集金袋のなかに入っていたのはほとんどが１００円玉でした。銀色のコインはアスファルトをコロコロところがり、いくつかがガードレールの向こうに落ちてしまいました。とても探しにいくことができない深いヤブです。

手の届く範囲のものは拾い集めたのですが、結局、何枚かは最後まで見つかりませんでした。その分はアルバイト料金から差し引かれるわけですが、当時の私は注意を怠った当然の報いだと諦めました。商売はこうしたリスクも含んでいるのです。


これらを小学生の時期に身をもって学ぶことができた。その経験が現在の私をつくっているのだと思っています。

すべての親に同じことを勧めたいわけではありません。ただ、「お金とは何か」について早いうちから体感させることは決して無駄ではありません。

買い物のときに、財布を渡して支払いをさせるだけでもいい。そうした体験が後の人生に役立つのです。

仕事の責任や金銭の価値を小さいうちに感じること

車の助手席に乗っているだけではいつまでたっても道を覚えることはできません。運転して初めて見えてくる景色がある。お金についても同じことがいえます。

お金を通して社会に触れさせる機会は、身近にもたくさんあります。ちょっと、わが子に委ねてみるのはいいことです。

9 障子を破ってほしい

子供のころ、友人の家に遊びに行って驚いたことがあります。居間の障子が穴だらけなのです。不思議そうに見ていると、「いくら繕っても、すぐに弟が破るから、もうそのままにしてるんだ」とのことでした。

不注意の破れ目はあるけれど、七田家の障子はおおむねきれいでした。元気盛りの子供が３人もいるのに、今、考えるとこちらのほうが不思議です。

その秘密は年末にあります。

もちろん、七田家の両親も「障子は破ってはいけません」と日ごろは言います。でも、年末の大掃除のときだけは、「今日は思うぞんぶん破ってほしい」と父からお願いされるのです。

待ってましたとばかり、私たちきょうだいは障子に飛びついたものです。

年末恒例の風景です。これがあることを知っているから、子供たちは日ごろいたずらで障子を破るということがありませんでした。

年末の大掃除、障子の張替えは大きなイベントです。

子供たちが破り、濡れた雑巾で糊をふやかし、残った紙をきれいにはがしていきます。そして新しい紙を貼りつけ、仕上げに霧吹きで貼りたての紙を湿らせて、陰干しをする。数時間すると、ピンと張った美しい障子が完成します。表裏をたしかめ、元の場所にはめ込みます。まっさらになった障子を家族全員で見あげるのは、七田家の年末の思い出深い風景です。

前にも述べましたが、父は英語塾をやっていたので、私たちきょうだいが学校から帰宅するころから仕事が始まります。土日も休みはなく、年末年始のお休みは、父を独占できる少ないチャンスでした。

高校からは寮のある学校に入学させるのが七田家の伝統なのですが、そうした年齢になっても、年末年始は帰って来る。毎年ずっと家族全員が当たり前のように顔を合わせる。それが年末年始です。

これも家族の文化を育む行事の一つです。

日ごろ、お寺やお宮には興味のない人でも、年末年始はお参りに行きます。年越しそばを食べ、お雑煮をつくります。

この季節は、誰でも日本の文化を楽しみたい気分になるのです。

それは、何も日本人にかぎったことではありません。

大陸だけでも複数の標準時帯をまたぐアメリカでは、新年のカウントダウンを何度もやって盛りあがるのが恒例だったりします。

スペインでは12粒のブドウの実を食べるのが新年の決まりごとです。

中国の文化圏では、旧暦の１月１日から、旧正月を盛大に祝います。

ヒンドゥーの文化圏では10月末から11月の期間に５日にわたって開催される「Diwali（ディワリ）」が、いわゆるお正月にあたるといわれます。

国ごとにさまざまな文化の違いがある。

日本国内に目を向けても、地方によって文化の違いは見られます。

北海道、東北、関東、九州……お餅のかたちも違えば、雑煮の出汁も地方によって多様です。同じように、家族という単位でも、それぞれに文化は違うのです。年末年始はこれが色濃く出る季節です。

七田家では百人一首のかるた取りなどで盛りあがったあと、年越しそばを食べながら「わが家の十大ニュース」を発表するのが毎年の恒例だと前に書きました。毎月やる「家

自宅で弟に勉強を教える厚（右）

族会議」の総集編ともいえるイベントで、まさに七田家の伝統文化。これは現在も続いています。
子供にとっては、テレビの年末特番みたいなものかもしれません。

父の心には子を育てるということ以外に、「家庭を育てる」という意識がありました。

「子育ては家族が一体となることで心が開花することが大事」と常々、言っていました。

片づけの習慣も、自分で自分のものを片づけさせる前に、まずは親の手伝いをさせる。家族として目的を共有することで絆が深まり、一体感が生まれる。

「家庭を育てる」とは、こうした些細なことの積みあげです。

ペットを飼い、家族全員で世話をするのも家族の絆を深め、「家庭を育てる」ことにつながると思います。私が子供のころは、うさぎ、ひよこ、金魚、小鳥など、世話を必要とする小動物がいつもいました。

金魚鉢、うさぎ小屋、鳥のカゴ、年末はこうしたペットたちの住処も大掃除の対象です。ペットの存在は、ときに思いがけない効果を生みます。

知人のYさん宅にはカメ、うさぎ、あひる、猫、犬など合計14匹の動物がいました。家族はYさんご夫婦と三人の子供。そこに、介護が必要なおばあちゃんも同居しはじめたのです。

賑やかな家族、たくさんのペットたちと過ごしているうちに、おばあちゃんは会話が増え、動物たちのお世話をしなければという意欲が湧き、なんと要介護度が１つ下がったといいます。

家族はこんなふうに成長していくのです。

家族全員でいっしょに汗をかき、家庭の文化を伝えていく

「子育てにおいて解決が困難なこと」のトップに「子供のしつけ」がきていました。いつの世も大問題なのです。家族の文化を伝えるという意識でしつけを行えば、けっこう成功するものですよ。

＊「子育て情報に関するアンケート」（パナホーム株式会社・パナホームクラブHPより）

10 いっしょに遊ぼう

父の仕事場ですが、玄関を入るとその左手に60～70人は入りそうなホールがあり、その2階が教室になっていました。そのホールはときどき教室に来た子供たちの遊び場となり、ボールプール（柔らかいビニール製のカラーボールでいっぱい）になることもありました。

父が70歳のころ、保育園のお迎えのあと、二人の子供を父の仕事場へ連れていったときの話です。

「申し訳ないけど、ちょっとだけ孫たちの面倒をみていてくれないかな」

父は快諾してくれ、私は安心して出かけました。

用事を終えて帰ってくると、父は二人の孫といっしょになって、「ひゃー、あたる～！」と叫びながら、飛び跳ねて遊んでいたのです。

「もう70歳を越えているんだから、少しは歳を考えたほうがいいんじゃないかな」

と思わず止めたくなるような勢いでした。

でも子供たちは大喜び。ワーキャー言いながら、父にカラーボールをぶつけたり、追いかけまわしたりしています。

父の体のことをいたわるつもりで止めようとした私は、思いとどまりました。

父はいつも言っていました。

「子供は遊びのなかから、自分で考えること、ルールを守ることを学ぶ。そしてまた大人のほうも、子供たちと遊ぶことでいろいろなことを学ぶんだよ」

父は今、子供たちと遊ぶことで何かを学んでいるのかもしれない。

私は子供たちと遊ぶ父を見ながら、自分が幼かったころ、百人一首の作戦などを真剣に教えてくれる父の眼差しを思い出していました。

前にも書いたとおり、島根県は百人一首が盛んな地域です。

父は私に、そのおもしろさを教えるために、ときには私と対戦し良きライバルになってくれたりしながら引っぱっていってくれました。

小学校の低学年から、競技かるたをそうして父に仕込まれていた私は、自分の腕にそこそこの自信をもっていました。

中学生のとき、たぶん中国地方の強豪（大人）が集まる大会に出場しました。

すると、上位の選手たちは控室でジャージに着替えています。「え？　百人一首って、スポーツだったっけ？　これはえらいところに来てしまった」と、内心ビクビクしていました。

思ったとおり、結果はさんざん。みんな最初の数文字だけ聞いて、鬼のような形相で札に襲いかかるのです。そのスピードたるやものすごく、とても太刀打ちできるものではありませんでした。ただ、その様子はとても楽しそうなのです。遊び、スポーツ、勉強、なんでもそうですが、本気になればなるほどおもしろいと改めて感じさせてくれる経験でした。

本気になれば、勝つためにさまざまな作戦を考え、トレーニングを重ねます。そしてもう一つ、遊びの大切な要素がルールです。

社会はルールのかたまりです。好き勝手に生きていくことはできません。お互いにルールを守って尊重しあいながら社会生活を営んでいくことが求められます。

ただ、破ることができるのもルールです。

こっそりルールを破れば、あるいは有利になるかもしれません。でも勝てない。なぜならルール違反だからです。たとえルール違反が見逃されても、心に罪悪感は残ります。こうした感覚を遊びのなかで学ぶとすれば、やはり対人の遊びのほうが優位でしょう。

携帯やＰＣのゲームではルールを破ろうにも不可能です。

対人間のアナログなゲームや遊びのなかでこそ、ルールを守る心は養われるのです。遊びのなかで社会性を学び、自分自身を律する姿勢を学ぶ。いわゆるセルフ・コントロールの力を、遊びを通して身につけるのです。

また、ゲームは子供の成長の程度を知るバロメーターにもなります。

たとえばトランプの「神経衰弱」。子供のころ、私たちきょうだいも父とよく対戦しました。裏返したカードを表に向けて、同じ数字だったら取ることができる。しかし、まだ幼いうちには、2枚目に表に向けたカードの数字が違っていたら、3枚目をめくろうとすることもありました。

「それはルール違反だよ」と教えても、まだ理解できない。でも、自分だけみんながしないことをするのはいけないことだと徐々に気づきます。そうでないと、おもしろくないこともわかってきます。

このあたりのことが理解できるようになると、ほかのゲームでも大丈夫です。「スピード」や「7並べ」など、定番のゲームのおもしろさをどんどん吸収していきます。

そして同時に、社会のルールも少しずつ理解することができるようになってくるのです。

七田家では子供たちがそうした年齢になってくると、「わがまま・いじわる・うそ・はんこう」と書かれた紙を居間に貼るようになりました。

これを破ったら叱られるという、わが家の憲法です。

子供が家のなかをドタバタ走りまわる時期があります。親は叱りますが、子供のドタバタはやみません。

これって、一時的な道路工事のようなものです。道路が完成すれば工事は終わります。「工事をやめてください」とお願いしても詮無いことなのです。

叱るべきは、そこではない。

人間として本当に大切なことができない場合に叱るのです。

わが家では叱るべき目安が「わがまま・いじわる・うそ・はんこう」だったのです。語呂がいいので、私などはよく歌うように口ずさんでいたものです。

こうした家族の憲法をつくるときは、両親といっしょに子供にも参加させることをお勧めします。いわば家庭の憲法制定会議です。広く周知させるために家族全員の参加が望ましいというわけです。

ゲーム遊びで親子がライバルになることで、普段見慣れない子供が見えてくる

親子でゲームに興じ、本気で遊ぶことで、それまで知らなかった子供たちの姿が見えてきたりもします。親が子のライバルになって競いあうことで、子供たちは、勝つことだけではないゲームの本当のおもしろさを知り、ルールの大切さを実感するのです。

11 豆まきをしよう

――伝統行事をおろそかにすると病気になる。私にはそうした信念のようなものがあります。

一見すると非科学的ですが、実はそうでもないと私は思っています。伝統行事にはそれぞれに、季節ごと、節目ごとの意味があるように考えられるからです。

だからというのではないのですが、七田家では毎年豆まきをします。これをやらないとなんだか気持ち悪い。

父も毎年「今日は節分だ、豆まきをしよう」と子供たちを誘ったものです。

日本人の多くは、学校でも家庭でも一貫した宗教教育を受けることなく成長します。一般的に無宗教の民族だといわれます。

でも、お正月や七五三などにはお宮にお参りしたり、お盆には仏壇を拝んだりします。日常のなかの習慣として、神仏を感じて敬う心をもっているのです。

ちょっと尾籠な話ですが、かつて昭和の時代には立ち小便を禁止するマークとして壁などに鳥居のイラストが描かれていたものです。

たとえ描かれたものであっても鳥居におしっこをかける気にはなれない。日本人の心の奥にはそうした意識が根づいているのです。


七草、ひな祭り、端午、七夕……。

日本文化に息づくさまざまな節句。まさに1年の節目節目に訪れます。

こうした節目の文化にはもっとスパンの長いものもあります。

代表的なのが七五三です。

3歳の男女、5歳の男子、7歳の女子が11月15日にお宮参りをして成長をお祝いする行事です。

これら季節や年月の節目に意味はないのでしょうか。たぶんありますよね。

1月7日。気候は小寒のころ。1年のうちでもっとも寒さが厳しくなる季節の入り口にあたります。かつては雪のあいだから芽を吹く若菜を摘み、七草粥にして食べました。そろそろ本格的に寒い季節になってくる。消化のよいお粥で栄養をとって気をつけましょう。そういう意味があったのだと思います。

3月3日。気候は啓蟄のころ。大地が温まり、冬ごもりをしていた虫たちが地中からはい出る季節です。

奈良時代の貴族は、魔除け・毒除けの効能があるといわれる桃花酒という桃の花を浮かべたお酒を飲んだといいます。

まさに季節の変わり目、このころに風邪をひく人は多い。そろそろ暖かくなる季節だけど、こういうときこそ体調を崩しやすいから気をつけましょうという意味があるようです。

七五三にしても、言葉を覚え自我が芽生える3歳の男女。そろそろ知恵がついてきて危なっかしい行動が増えてくる5歳の男子。乳歯が生え変わり、第二次性徴期の手前に差しかかる7歳の女子。

それぞれの発育過程で体調を崩しやすい年齢期に、お宮参りをして注意喚起をするのです。成長の段階をみんなでお祝いしながら共有し、次の成長段階に備えているといえます。

どうです？　伝統行事をおろそかにすると病気になる、という私の非科学的な言葉。実はけっこう科学的に思われませんか？

何もしなければ、1年365日はただ日々の積み重ねであって、意識なく過ごすと、のっぺりした1年になってしまいます。ところが、季節ごとの行事を催すことで生活にメリハリがつき、より計画的で充実した1年を過ごすことができるのです。

季節の移り変わりにも自然と目が行き、観察力も高まってくるものかもしれません。

これを毎年くり返すことで「去年のひな祭りのころはこうだった」という思い返しのポイントにもなるし、子供たちの成長や家族の歴史の一里塚としての役目も果たしてくれます。

そんな行事のなかで、私が特に印象深いのが豆まきなのです。

「節分」とはもともと季節の変わり目そのものを指す言葉でした。「立春」「立夏」「立秋」「立冬」の前日がそれぞれ「節分」です。

現在は2月の初め、立春の前日に豆まきを行うのが伝統的な行事として残っています。家のなかの電灯を消して真っ暗にし、「鬼は〜外〜」「福は〜内〜」とコールしながら豆を投げるのです。

私の家では、父が豆を用意し、投げるのも父の役目でした。家族は暗闇のなか、投げられた豆を手探りで寄せ集めます。ユニークなのは、豆だけでなくキャンディやチョコレート、またティッシュに包んだ50円玉や100円玉も混ぜてあったことです。

豆まきが終わると、部屋の明かりがつけられ、まだ誰も拾っていない鬼退治の武器を拾い集めるのです。

そして、ティッシュを広げたなかに100円玉を見つけたときは飛びあがって喜んだものです。とても楽しい思い出です。

人間は歴史のなかに生きています。「今日はあなたの歴史年表の一番先端であり、人の歴史の先端でもある」なんて言います。それは間違いのない真実です。

絶海の孤島にたった一人で生活でもしないかぎり、人が社会との関わりなくして生きていくことはできません。同じように人は歴史との関わりなくして生きていくことはできないのです。

吉田松陰は「経書（思想書）より歴史書を読め」と教えました。人間の営みがつくってきた歴史は、人間として生きるための知恵に満ちているのです。7

伝統行事のなかで、歴史を感じ季節を感じることの意味を知る

極端にいうと、人生は思い出づくりです。心の歴史書に、伝統行事という栞を挟んでときどきページをめくってみるのは、心と体に栄養を与え、家族の絆を確認することにつながるのです。

伝統行事は、一つの定点となって自分の成長、家族の変化を教えてくれるものです。どれだけたくさん成長や変化を感じられたかは、人の歴史の大きな財産になります。

第3章

高く広く 幹を伸ばす

◉親子でいっしょに研究する

1 アウトサイダーであれ

私の父が子供のころ、家には文学書が1冊もなかったといいます。父の父、つまり私の祖父は「文学書などは健康な人間には必要ない」という考え方だったようです。

でもこれ、何も私の祖父にかぎったことではなく、明治、大正、昭和の初めころまでの大人はおおむねこうした考え方をもっていました。小説など不良の読むものだったのです。少し前まで、マンガもそうした位置づけでしたね。

家に本はないけれど、読書したくてたまらない父は、近所に本を持っている家があると聞くと、すぐに借りに出かけました。

小学校5年生のときには吉川英治の『宮本武蔵』全8巻を読破しました。中学校2年生のときに、授業で先生が黒板に書いた『大佛次郎』を「おさらぎじろう」と読めたのは父一人だったそうです。

また、父は辞書を眺めるのも大好きでした。

辞書は普通、わからない文字や言葉に出会ったときに開くものですが、父は逆に、わからない言葉を探すために辞書を開くような人でした。

これもやはり中学生のとき、父は辞書のなかに「操觚業《そうこぎょう》」という言葉を見つけました。「新聞や雑誌その他の評論に従事する人々」という解説です。

今でいうコラムニストのようなものでしょうね。この言葉に出会った父はそういう職業があることを初めて知り、将来、自分も文章を書いて生活したいと思うようになったといいます。そしてそれまで以上に本を読むようになったのです。

ただ、当時は娯楽小説のようなものを中心に読んでいたそうです。

そして17歳になったある日、父はヘルマン・ヘッセの小説『デミアン』に出会います。この本を読んで、父は読書にはもっと深い世界があることを知るのです。

この物語では、主人公のデミアンが新たな生き方に目覚めていく過程が描かれています。「人はある一点で、世界のあらゆる現象に、あとにも先にもただ一回かぎりの姿で出会う。だから、どんな人間の物語も不朽で重要で神々しい」

『デミアン』のなかにあるこの文章を読んだとき、父は大きな衝撃を感じます。自分もこのような文章が残せる小説家になりたいと思うようになったのです。

私が子供のころの父の思い出といえば、仕事をしているか、本を読んでいるか、テレビで洋画を観ているかでした。なかでも読書をしている時間はそうとう長かったと思います。

小説家というものを憧憬していた父は、人生のいたるところにドラマを求めるようなところがありました。


ドラマの本来の意味は「衝撃」だといいます。心に衝撃が起こるのが、ドラマなのです。

木目に沿って生きていたのではドラマは生じません。木目に逆らって、木の棘が刺さるような生き方をしないと、ドラマは生まれないのです。

父は学生時代に恩師から言われた「アウトサイダーであれ」という言葉を座右の銘にしていました。

子供たちの日常にも何かしらのドラマを生じさせるため、常にアウトサイダー的なものの見方をしていたように思います。

この本に取りあげる多くのエピソードも、「アウトサイダーであれ」を体現したものです。

日本を代表するコメディアンの萩本欽一さんが「私はね、人生のトラブル大歓迎なんですよ」と語っているのを聞いたことがあります。

長い芸人人生のなかで、萩本さんはさまざまなトラブルに見舞われ、でもそれを乗り越えてきました。だからこそ、あのような唯一無二の個性を手に入れることができたのだと思います。

父も同じでした。

「貧乏、大病、裏切り。この３つを体験するのが私の目標だったんだ」と笑って語る姿は今でも脳裏に焼きついています。

そんな父は期待どおりか、期せずしてか、終戦後、貧乏のどん底で苦学し、結婚前には結核を患って医師からは余命宣告まで受けました。

「裏切り」の経験もありました。

１９７６（昭和51）年、父は早期教育についての研究を深めるために幼児向け教室を立ちあげました。

開発した早期教育のための教材の一つを商品化させてくれという人物も現れました。この人を仮にAさんとします。父はAさんの勧めで、週の半分は島根県の江津から広島に通って仕事をするようになりました。

ところがほどなくしてAさんの会社が倒産。父の口座には３０００万円の借金だけが残ったといいます。さらにAさんは自分の借金まで父に払わせようとしたのです。

父はそれでも、心はまったく動揺しなかったといいます。

「神様は私に支払うことができないほどの借金は背負わせないはずだ」

と、返済が完了するまで弱音一つ吐かなかった。

アウトサイダーを自認していた父だからこそ、そうした生き方ができたのです。

子育てに関しても、学校の授業からはみ出たこともどんどん教えていく。それが父の態度でした。脇道（アウトサイド）を見せることで、インサイドの見え方も変わってくる。より深く、広く、見えるようになるのです。

人生の経験を自分のものとして、個性を育む

「アウトサイダーであれ」という言葉を胸の中心に置いていると、怖いものがなくなります。人生でもし「痛い目」にあったとしても、くじけず乗り越えていくことができる。こうした経験は、すべて人生という物語を太くしてくれたはずなのです。

2 中学受験をしてみないか

小学校6年生のとき、父が突然、私に中学受験を提案してきました。

――ずいぶん突拍子もない話だなぁ、というのが、こちらの反応でした。

当時、私が住んでいた島根県の西部では義務教育の小中学校は地元の公立に通うのがいわば「常識」で、中学校に入るために受験をするということ自体、私の頭にはありませんでした。

それも父の提案のタイミングは6年生の夏休みのころ。当時、私はそれが遅いタイミングだとも思わなかったのですが、今思うと、あまりにも遅すぎる時期でした。

4年生くらいから受験態勢に入り、5年生の終わりごろには公立小学校の6年生のカリキュラムを終わらせ、6年生になったら受験対策に集中し……というのが一般的でしょうか。

ところが、父が中学受験を言いだしたのは本番の半年前です。

そのころ、「全国模試を受けてみないか?」ということも言っていたので、田舎町にいて、井の中の蛙大海を知らずということにならないように、「別に合格しなくてもいい。ただ、受験を目標に毎日を過ごせば、何か新しい発見があるかもしれない」といった狙いだったのでしょう。

父の提案の裏側にそうした思いがあったためかもしれません。

「この山ちょっと険しいけど、天気もいいし、登ってみようか」

とでもいうような、冒険心を刺激する提案となって私の心に落ちついたのです。

その気になった私でしたが、何をすればいいのかわかりません。それでも、算数だけは自信があったので、まずはこれに磨きをかけるべく、短大で数学を教えていた親戚のおじさんの家にバスで通うようになります。

そして半年後、広島県の私立中学校を受験するのですが、結果はさんざんなものでした。あえなく不合格となります。特に、唯一自信があった算数でコテンパンにやられてしまいます。

自己採点では、100点満点中の50点にも届きません。あまりの不甲斐なさに涙があふれてきました。よほど悔しかったらしく、そのときの受験番号を今でも覚えているくらいです。ところがそんな息子の姿を見て、父はしめしめと思ったようでした。

受験が終わった春休みのことです。

父は公文式の算数のプリントをもってきました。

公文式のプリントは小学校1年生がA。2年生がBという順番で進んでいきます。小学校5年生がE、6年生がFときて、中学生の3年間はG、H、Iとなる。

プリントを始める前に、その子がどの段階にいるのかを測るための簡単な試験を受けるのですが、私はなんと「5年生のEの途中から始めましょう」との結果になってしまうのです。算数に自信があった私は、受験の失敗と合わせてダブルパンチを喰らってしまいました。

それまでの人生最大の落ち込みです。

すると「まぁ、そんなにしょげなさんな」と父がやってきて、「5年生から復習するのは別に悪いことじゃないよ」そう言って、こう続けました。

「人が1日1枚やるところを、頑張って2枚やってごらん。そうしたら倍のスピードで進んでいく。算数が得意なあなたならできると思うよ」

元来、負けん気の強い私は「そうか、2倍のスピードでやれば中学校2年生のときには追いついて、そこからは先取りできる」と「希望」をもちます。さらにもっと頑張ればもっとリードできるかも、と「夢」を抱くことができました。

そのとき、私のやる気スイッチが入り、「じゃあ1日4枚やる！」と宣言していたのです。

もともと算数が得意で、プリントの問題に取り組むことに苦はありません。

私立中学校の受験に失敗し、地元の公立中学校に進学した私は早速、4倍速カリキュラムをスタートさせます。

中学校1年生の夏休みのころには公文式の5～6年年生のプリントを終了させ、そこから本来の中学校1年生からのカリキュラムを3カ月でこなす。

中学校1年生の冬休みあたりから、学校での数学の授業を公文式のプリントが追い越しました。公文式で終わらせたものを学校の授業で復習するという状態になり、おもしろいように理解が進みます。

スタートしてから2年足らずで一気に高校の「数Ⅰ」まで進み、中学校3年生のときには公文式の学年進度上位ベストテンに名を連ねたほどです。

この先取り学習のおかげで、数学は私の最大の武器となり、大学も東京理科大学の数学科に進むことにしました。

中学受験に失敗したからこそ、このような結果になったのだと思います。もちろん「失敗したほうがいい」と言いたいのではありません。失敗をバネにするしなやかさをもってほしいのです。

　私が中学受験に失敗したから、父は公文式の倍速学習を提案してくれました。受験に成功していたらまた別の提案だったと思います。

「広島の私立中学校という舞台があるけどどうだい？」

と提案することで、子供に新たな世界の存在を教え、結果はどうであれ応援しつづける。

「なんだ失敗したのか、だめだな」とは決して言わないし態度にも出さない。それもこれも人生なのです。


　部活動で初めからレギュラーだった選手、努力してレギュラーになった選手、努力してもレギュラーになれなかった選手。それぞれに人生のドラマがあるのです。ただし、レギュラーを諦め、部活をやめてしまったならどうでしょうか？　ドラマがないとは言いませんが、やはりちょっと寂しいドラマになるように思います。

　レギュラーになれないままの子供だって、そのことでかえって一生の思い出を得るかもしれません。悔しさをかみしめ、次にどこへ向かうか。ドラマの主人公に必要なのは、そのことです。そのことが人生を豊かにしてくれるのです。

　人生にドラマを求めていた父のこと、息子の私に生涯忘れられないドラマを演出するために、中学受験という新しい舞台を用意してくれたのかもしれません。

子供が変身できる新しい舞台を見せる

ここでは人生を舞台にたとえましたが、子供の舞台そのものに乗ってしまう親御さんがいらっしゃいます。応援の気持ちが高まりすぎて、主人公であるはずのわが子の気持ちが見えなくなる。ときどき舞台下からセリフを教える程度にとどめておかなければ、新たな舞台も台無しになってしまいます。

3 食べられる野草を調べてみたらどうだい？

中学校1年生の夏休みの自由研究に悩んでいるとき、父がある提案をしてきました。

「食べられる野草を調べてみたらどうだい？」

このお話に入る前に少しだけ脱線させてください。


誕生から65年以上、これまで数十万人の幼児教育に関わってきた「七田式教育」ですが、その中心には「食育」「体育」「徳育」「知育」の4つの柱を置いています。

知育や体育だけでなく、心の健康のために社会性や円滑な人間関係を構築する能力を身につけていただくための4本柱です。

このなかから「体育」と「食育」について少しお話しします。

この2つを七田式が重視する理由、そのベースには父自身の体験があります。

26歳のころ、もともと患っていた結核が悪化、自宅療養中に医師が両親に話しているのを隣の部屋で聞くのです。

「もってあと1、2カ月でしょう」余命宣告。つまり医者にさじを投げられたのです。

でも、まだ死にたくない。であれば、自分で治すしかない。

父は病床で読んだ『人類病死の原因に就いて：病原の発見と治療・保健法』（水田鹿次《みずたしかじ》著／河原書店）の内容を実践してみようと思い立つのです。

同書は「病死の原因はタンパク質の余剰摂取にある」と説いていました。

父は肉類を避け野菜を多く摂ることを心がけるようになります。さらに山歩きを始め、野草を幾種類も摘んで帰り、細かくすりつぶして飲む。いわゆる青汁健康法も始めました。するとどうでしょう。病状はみるみる回復していったのです。

そうした体験もあり、口から摂る滋養と、適度な運動の重要性について、深く研究するようになったのです。

七田式が「食育」と「体育」に重きを置く理由がおわかりでしょう。

特に、食育については今でこそ誰もがその重要性を認めていますが、父が若いころは「食べることの教育などする必要はない」というのが一般的だったようです。

しかし、実は日本人は古くから「医食同源」といって、食べることの大切さに気づいていました。「食育」という言葉にしても、明治期に活躍した小説家の村井弦斎が使いはじめたとされています。

村井は小説『食道楽』で、「小児には、徳育よりも知育よりも、体育よりも、食育が先。体育、徳育の根源も食育にある」と記しているくらいです。

さて、中学校1年生のとき、私は食べられる野草について研究することとなりました。「夏休みの研究、何にしようかなぁ」ふとつぶやいた言葉を父が拾いあげて、「思いつかないなら、食べられる野草を調べてみたらどうだい？」と提案してくれたのでした。

小学生のころも、夏休みには毎年、何かしらの自由研究をやっていました。今でも覚えているのは、５年生のときの交通量調査です。

国道が見える友人の家に仲のよい５人組で集まり、朝の8時から夜の8時まで道路を通る車を調査するのです。

乗用車、トラック、二輪車……。車種をいくつかのカテゴリーに分類し、8時から9時までは何台、9時から10時までは何台と数えていきます。

時間ごとに担当を決め、それ以外はゲームなどをして時間をつぶします。この作業を平日と休日の2日間行い、その違いを、グラフなどを使って比較するのです。

社会科と算数を融合させたような、手前味噌ですがなかなか気の利いた研究となりました。

しかし、いかにも学校のお勉強の延長線にある研究です。

それにひきかえ、中学校1年生のときの「食べられる野草の研究」はちょっと違っていました。その時期の私は「食育」という言葉を知りません。

でも、子供たちは、無限の可能性をもった器です。

私の器に、父は「食育」という思想をもってくれたのです。隙間だらけの器をときどき覗き、足りないものを親が追加する。これも家庭教育の醍醐味ですよね。

私は初めてもらったお小遣いで『三分間クッキング』というレシピ本を買ったほど、料理に興味がある子供でした。父はそんな息子の性質を知っていたのでしょう。食べられる野草の研究は、私自身にとっても魅力的な提案だったのです。


父の本棚には、野草の本が数冊ありました。まずはこれを引っぱり出し、ページをめくりました。よく覚えているのは「タンポポのコーヒー」です。

タンポポの根を集めて、きれいに洗って細かく刻み、天日で乾燥させます。ボロボロのクズのようになるのですが、フライパンで炒ると、ほんのりコーヒーのような香りが出てきます。これを煮出すと、コーヒー風味の飲み物ができるのです。

幼児が飲んでも安全なノンカフェインのコーヒーです。中国では薬として用いられているそうです。

ユキノシタの天ぷらもおいしかった。

これらを保存できるように、押し花の要領で乾燥させ、ノートに貼りつけていきます。父はでき上がった研究ノートを見て、「これはお父さんにも参考になる」と感心してくれました。


野草の本をすでにたくさん読んで、もともと知識のあった父に評価されたのです。私と父が、一つの関心を共有していたことも大切なことでした。共同研究者として、父と肩を並べたような気持ちがしたものです。

誰に褒められるより嬉しい経験でした。自分の出した成果が、ちゃんと役に立つという評価を得るという経験ほど、自信を感じられる経験は、そうはないはずですから。

親も学べるテーマを選んで、共同研究者になろう

小学生までは、親にべったりだった子供たちも、中学生くらいになると、よそよそしい態度をとることが増えてきます。関係が希薄になったように思われるかもしれませんが、そうではありません。子供はいつでも親の存在を意識しています。

そうしたタイミングに、夏休みの宿題にかぎらず、親も子も興味のあるテーマを共有する。親子の関係を新たな目で見つめ直すことができるはずです。

4 記憶について研究してみよう

中学校2年生の夏休み。自由研究について、この年も父の提案がありました。提案というより、もう誘惑に近いものです。好奇心をかきたてられたわけです。

しかし、その話に入る前に、また少しだけ脱線し、七田式の4本柱「食育」「体育」「徳育」「知育」から、わが家の初めての「知育」についてお話しします。


私にはかつて兄がおり、4歳のとき白血病で亡くなったことは前にも書きました。

父は若いころから自分なりに研究していた早期教育をその長男に行います。長男はまさに乾いたスポンジが水を吸い込むように父の教育を吸収しました。3歳にならないうちに本が読めるようになったといいます。父はさらにレベルの高い教育をするために本屋に通い、教材になりそうなものを探しました。

ところがこのころはまだ、父のように早期教育について研究しようとする人は少なく、また住んでいたのが地方の小さな町ということもあり、適当な教材を見つけることはできませんでした。

そうなれば、自分でつくるしかありません。父は自分で考えた教材を長男に与えます。長男に対する「知育」は、父にとっての「知育」でもあったのです。二人はある意味、競うように学んでいたのかもしれません。

とても不運なことですが、長男は4歳で亡くなります。当時1歳だった私を見て母は言いました。

「厚まで同じような道をたどったら不憫です。それが死の原因でないことはわかっているけど、厚には早期教育をしないでほしい」

父も母の気持ちは痛いほどわかります。おかげで私は3歳になるまで、父の言う「早期教育」を受けることはなかったのです。

でも、決して遅くはありませんでした。父が文字を教えはじめると、3歳の私は1カ月ほどでひらがなをマスターしました。

1歳から始めた兄のようにはいきませんでしたが、父は諦めずにくり返し教えてくれたといいます。

父はこのとき、「記憶とは不思議なものだなぁ」と感じます。

教えてもすぐに忘れる。しかし、何度か教えれば次第に定着していく。忘却と学習をくり返すうちに定着していくわけですが、どのようなタイミングで学習すればより定着率が上がるのか、ここには一定のリズムがあることに父は気づくのです。

この経験が、その後の「七田式学習法」に生かされているのはいうまでもありません。

中学3年生の夏休み、またまた父の提案で、私は記憶のメカニズムについて研究を行います。実験台は自分自身です。

父は「１日50個の英単語を覚える実験をしてみないか。いずれ、高校受験までにたくさんの単語を覚えなくちゃいけないから、一石二鳥だと思うけど、どうだ？」と言います。

――１日50個？？　そりゃ無理でしょ。

と思ったのですが、父は、自分は高校生のとき、１日70個ずつ覚え、それを40日間続けた。でもあなたは50個ずつで、しかも20日間でいいので、楽でしょうと言うのです。

そう言われると、なんだかできそうな気がしてくるし、何よりおもしろそうです。自分のことを知るのは、誰にとっても関心が高いものなのですから。自分の記憶力って、どういうものだろうと興味が湧いたのです。

図1 エビングハウスの忘却曲線

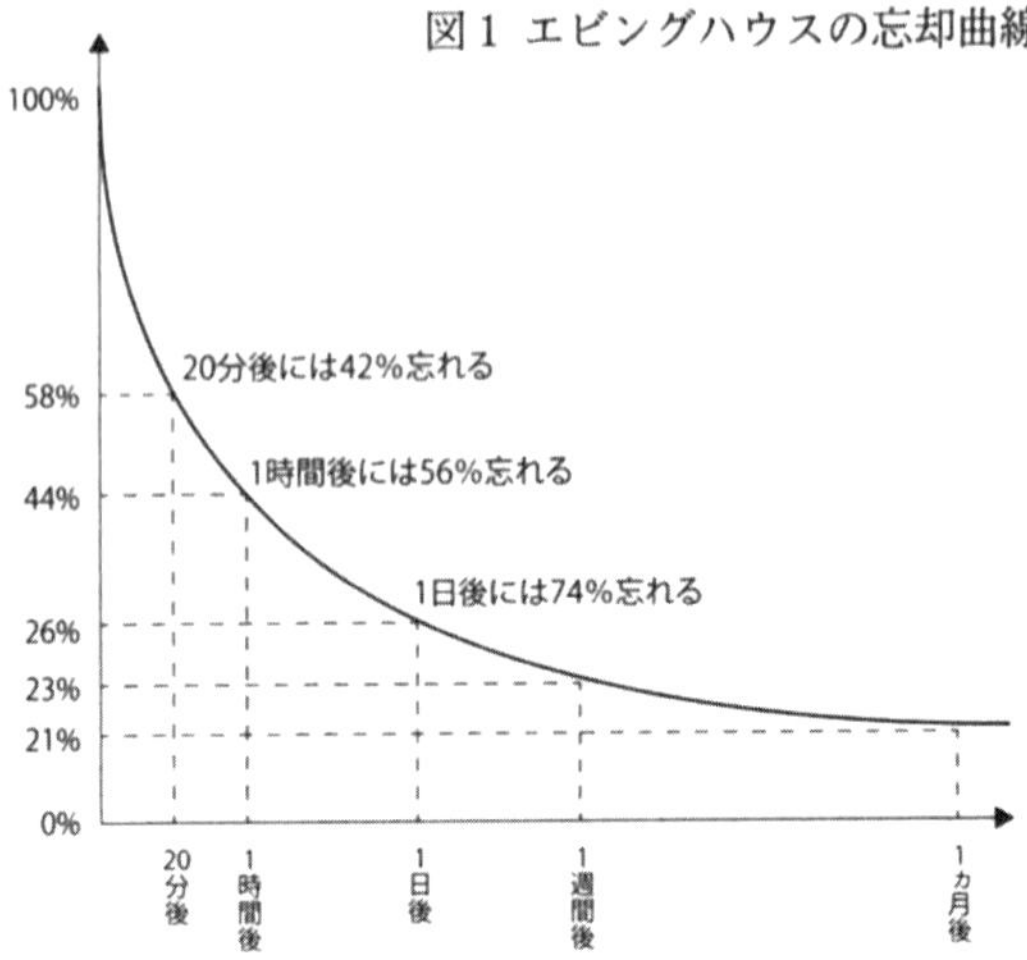

ここで、記憶のメカニズムについて少しご説明します。

「エビングハウスの忘却曲線」というのを聞いたことがある人もいらっしゃるかもしれません。19世紀のドイツの心理学者、ヘルマン・エビングハウスが記憶を数量的に測定し、グラフで表したものです。

図1を見れば、だいたいおわかりいただけると思います。

記憶と忘却のリズムは、おおむねこの図のようになっています。

覚えても、1日経てば7割以上は忘れてしまいます。

ところが効率的に復習することで、忘却のカーブを押しあげていくことができるのです。

記憶のこの仕組みを、自分自身を実験台にして検証してみたのが中学校2年生のときの自由研究でした。

やり方はいたってシンプル。

初日に50個の英単語を覚えます。2日目に新たに50個を覚える。そして初日の50個について復習し、いくつ覚えているかを記録するのです。3日目には同じように初日の50個、2日目の50個がいくつ記憶に残っているかを検証しつつ、新たに50個を覚える。このようにして初日の50個を4日目に完璧に覚えることを目標に毎日くり返していくのです。

私はこうして夏休みのあいだに、1000個の英単語を覚えました。

エビングハウス博士の忘却曲線は有名ですが、実際に体感したことがある人はなかなかいないと思います。

記憶力を研究したことは、自分について知る大きな機会になりました。英単語をたくさん覚えたのは、長い目で見れば副次的なもので、むしろ自分の記憶力を体感していたおかげで、その後の学習方法やチェックの方法が身につき、大きな財産になりました。

こんなふうに、自分の頭や体のことを知る機会は、いくらあっても多すぎることはありません。自分を知ることが、何をやるにしても前提になるからです。

自分の頭と体のメカニズムを知り、メンテナンスや成長の方法を考えさせる

スポーツをやっている子供は、くり返しの学習が得意な場合が多い。練習したことが今日できなくても、翌日、同じチャレンジをすればできるようになる。でも、1日さぼるとまた初日に戻ってしまう。そうした学習の仕組みを体で知っているからです。

5 和算を研究してみたら

ここまできたら、中学校3年生の夏休みの自由研究についても述べておきたいと思います。その話に行く前に、「食育」「体育」「徳育」「知育」から、「徳育」について少しお話しします。

国は教育の目標を「知・徳・体の調和のとれた発達を基本に、自主自律の精神や、自他の敬愛と協力を重んずる態度、自然や環境を大切にする態度、日本の伝統・文化を尊重し、国際社会に生きる日本人としての態度の養成」と定めています。

立派な目標ですが、達成しているとは言い難いものです。

詰め込み教育の時代が終わり、自分で学ぶ力、考える力、生きる力を育てるという流れに大きく変化しています。そのために、褒め方、叱り方、我慢のさせ方などを親自身が学び直す必要があると思います。

大切なのは「徳育」です。子供の夢や志をどう育てていくかについてよく考え、大人になってからどう社会と接し、貢献することができるかです。

子育てとは、そうした大きな流れ全体をいうのです。

父は「徳育」について、江戸時代の思想家・中江藤樹の本に学びました。藤樹は「子育てで大切なのは、人間として生きる道を教え、孝徳を明らかにするのが根本である。いくら才芸に秀でていても孝徳のないものは一時的に栄華を誇っても、子孫は必ず全滅する」と説いています。

「徳」の考え方に触れた父は、詰め込みの勉強だけでは偏りができると、自分の行う授業や子育てのなかでも、たびたび脇道にそれて、徳を育てるような話をしたのでした。

そこで出てきたのが前出の中江藤樹の思想だったり、同時代に生きた関孝和の話だったりするのです。

関孝和とは「和算」の開祖といわれる人です。

「今年の夏休みの自由研究だけど、『和算』なんかどうだい?」

当時、私は中学校3年生です。数学は好きで高校の数学も少しかじりはじめていた時期でしたが、「和算」という言葉は初耳でした。

さわりを聞いただけで、私は和算の魅力にとり憑かれました。

たとえば「油分け算」というものがあります。

「大きな容器に10リットルの油が入っています。これを目盛りのない7リットルの大きさの容器と目盛りのない3リットルの大きさの容器を使って、ちょうど5リットルずつになるように分けなさい。」といった問題です。

パズルみたいですね。でも、れっきとした数学です。

答えは次のとおり。

大きな容器に10リットルの油。その右隣に空の7リットルの容器、そのまた右隣に空の3リットルの容器を思い描いてください。すべての容器に目盛りはありません。

まず10リットルの油を3リットルの容器に注いで満たし、左から「7、0、3」の状態にする。次に「7、3、0」にして、再び3リットルの容器をいっぱいにします。すると「4、3、3」の状態になります。

そして3リットルの容器の中身を7リットルの容器に全部移す。すると容器の中身は「4、6、0」になります。さらにもう一度、大きな容器から油を3リットルの容器に移して「1、6、3」とします。真ん中の容器にはあと1リットル入るので、3リットルの容器からその分を移します。すると「1、7、2」となり、7リットルを大きな容器に移して「8、0、2」。

この2リットルを7リットルの容器に移して、「8、2、0」。さらに左はじの容器から油を3リットルの容器に移して「5、2、3」。3リットルの容器の中身を7リットルの容器に移して「5、5、0」となります。

「う～ん」という方は、何度か繰り返してみてください。きっと理解できますよ。

また、「開平法」というものを使えば、ルートの計算も二つの筆算でできます。これには驚きました。

「どうだい、昔の日本人はちょんまげ頭でこんな複雑なことをやっていたんだ」

父はちょっと自慢げに言いました。

私はわくわくしながら和算について調べ、自由研究を仕上げました。

中学生でも少し研究すると、案外詳しくなれるもので、「こんな計算方法もあったよ」と父に伝えると「それはお父さんも知らなかった」とおもしろそうに聞いてくれました。

父も和算についてはは興味があったので、しばらくは親子で和算談義に花を咲かせたものです。

私自身が親になってから、こうした経験を思い出し、息子の夏休みの研究に協力したことがあります。

ちょうど「富士山」とか「湘南」など、乗用車のご当地ナンバーが始まったころで、全国に車のナンバーってどのくらいあるのだろうといったことに私自身も興味がありました。「日本中の車のナンバープレート探しをしてみない？」と言うと、息子がやってみたいというので、それを手伝うことになったのです。

島根県に住んでいますから、全国すべてのナンバーを子供だけで集めるのは不可能ですよね。だから、ときどき私が「全国から車が集まっていそうな場所」に連れていきました。大きなショッピングセンターの駐車場だったり、観光地だったり。あとは空港でもかなり集めました。ナンバーの写真を撮って、コレクションしていくわけです。親子で挑戦するスタンプラリーのようで楽しかったのを覚えています。

社会科の勉強になったのはもちろん、親子の対話が深まったことは大きな収穫でした。

教科やカリキュラムの隣にあるもので、子供の関心を強化してみる

教科書のなかにあるものだけが勉強ではありません。少し目線をずらして研究対象を探してみる。子供たちの関心に伸縮性ができ、より大きな視点で学問を捉えることができるようになるはずです。そうなると、調べること、考えること自体のおもしろさを覚えます。答えが決まっていないからこそ、自分で調べ考えるという学問の本質に触れられるのです。

6 友だちをつくるのは簡単じゃない

七田家には「高校生になったら親元を離れる」というしきたりがあります。

私も中学校までは地元島根県の公立中学校に通ったのですが、高校は広島県の私立高校に進学しました。

私と同じように近県から親元を離れて通学する生徒も多く、学校には指定の寮がありました。6畳ほどの1室に二人。背中合わせになるように、両側の壁に向かって机が置かれています。

夜は6時から夕食。そして7~9時が自習の時間です。

そのころの私は〝計画魔〟で、ノートに日ごとのスケジュールを細かく書きつけ、そのとおりに過ごすことに、喜びというか、安心感を覚えていました。

ところが、何回目かの部屋替えで同室になったK君は私とは正反対の人でした。

夕食が終わり、夜の7時からは自習の時間です。私は机について、勉強を始めます。

ところがK君は後ろからそっと近づき、私のこめかみを銀玉鉄砲で攻撃してくるのです。

「やめろよ」「嫌だ、勉強なんかさせないからな。オレといっしょに落ちこぼれてもらうぞ」とゲラゲラ笑うのです。

「この部屋には今日から日替わりで誰かが遊びに来るから覚悟しろよ」

とんでもない宣言ですが、K君は毎日、これを有言実行するのです。

このままでは、とても自分の立てたスケジュールをこなすことはできません。

思い余った私は、ある夜、実家に電話をかけたのでした。


まず電話に出たのは母でした。

「ちょっとお父さんに替わってくれる？」

こういう問題は、母より父に相談するほうがいいと思ったのです。

私は父に現状を伝えました。今のままじゃとても勉強どころじゃないと訴えたかったのですが、電話の向こうで、父は別だん驚いた様子もなく、「それで、どうしたいの？」と、問いかけてきます。

K君から離れるために寮を出て一人暮らしをしたい、ついては時間のあるときにこっち（広島）に来てもらいたい。

「下宿探しを手伝ってほしいんだ」とストレートに伝えました。

高校時代

当然「それは仕方ないな」と腰を上げてくれるものとばかり思っていたのですが、結果は違いました。

父は少しだけ考えてから、こんなふうに語ってくれたのです。

「一人暮らしはいつでもできる。今、あなたの話を聞いていると、K君や同級生のほうから友だちになろうと声をかけてくれているんだよね。たしかに勉強は大事なことだけれど、友だちづくりも同じくらい大事なことだとお父さんは思うよ」

だから一人暮らしをしてK君から離れるより、近づいてくれる友だちを選んだほうがいい。今の時期、少しくらいスケジュールが狂ったって、長い人生にとっては大したことではないと思うよ。一人暮らしをして、勉強のスケジュールを遂行できたとする。それで成績が上がったとしても、いっしょに喜んでくれる友だちはいない。

「そんな人生ではつまらないだろう」と父は言いました。

まさかこんな答えが返ってこようとは、夢にも思っていませんでした。

私は受話器を置いて、しばし茫然自失。

でもよくよく考えると、それまで父に「勉強しろ」とか「いい成績をとれ」なんて言われたことは一度もありませんでした。

父は塾の経営者で、その後は教育研究家として名前を知られるようになった人です。その息子なんだから「きちんとしていなければいけない」と勝手に思い込んでいたのです。

父はそんな私に、本当に大切なものを教えてくれたのでした。

父は教育研究家です。でも、提唱した教育法の本分は知識を詰め込むことにはありませんでした。それより「いかに生きるか」という部分に焦点をあてたのです。

人間としてどう生きることが幸せにつながるのか、木でたとえると、これが幹の部分。

知識は枝葉なのです。もちろん、この枝葉がないと幹は太くなりません。両方が均衡してこそ人間は幸せになれるのです。

K君とは、その後とても仲よくなり、文化祭では、寮の出し物として、K君が監督、私が主演の映画までつくりました。ある日、学校に謎の転校生がやってくるという、『未知との遭遇』を意識した、（制作費がないわりには）本格的な作品でした。

高校2年生のこのときを境に、たしかに私は変わったのかもしれません。それまではどちらかというと大人しく引っ込み思案の子供でした。

静かで寡黙という意味の「大人しい」ではなく、文字どおり「大人ぶる」ようなところがあったように思います。父の言葉で私の気持ちは解き放たれ、より充実した高校時代を過ごすことができるようになったと今は思っています。

子供の固定観念を解き、本質を考えさせる

勉強より大切なものがあるってことをどこかで考えるきっかけをつくることは大切です。父は私の人生に変化がやってきたとき、その変化を受け入れるように促してくれました。目の前の事物だけにピントを合わせていたのでは、大切なものを見失ってしまうことがあるのです。

第4章

自然に任せる　繁りと実り

◉わが子の将来は、自分でスタートさせる

1 最近、小言が多くなっているからだよ

この章の初めに、少しだけまた、子供のころの話をしてみましょう。それは、父が遺した言葉の本質が隠れている小さなエピソードです。

私は小学校の低学年でした。

「最近、厚が勉強しようとしないのよ、あなたから勉強するように言ってください」

母は父に相談したそうです。

父は「それは、最近小言が多くなっているからだよ」とだけ言って、私に「勉強しなさい」とは言いませんでした。

子供と多くの時間を過ごす母親は、わが子のことが気になって仕方ありません。ついつい小言が多くなってしまいます。将来を思えば、ますます小言も増えるでしょう。

言葉には『死んだ言葉』と『生きた言葉』があります。

子供は母親の発する『死んだ言葉』を聞くと、思わず「うるさい！」と言いたくなる。

実際に言ってしまう子供もいます。

ショックですよね。

子供のしたことを褒めたり認めたりするのが、『生きた言葉』です。

着替えが遅い、お片づけができない……。

「お片づけ早くしなさい、どうしてできないの」

これが『死んだ言葉』。


『生きた言葉』とは、次のような声がけです。

「部屋のお片づけ、昨日より上手になったね」

つまり、子供を見る視点を決して高くはとらず、同じ目線でいいところを見つけて声をかけてやればいいのです。

「子供にうるさがられるんです」といったご相談を受けると「1日10回、褒めること」をお勧めしたりします。

すると、子供の態度がガラリと変わる。

大人だって「認められたい」という「承認願望」があることを思えば同じことです。

図2 子供の勉強に関する母親のかかわり

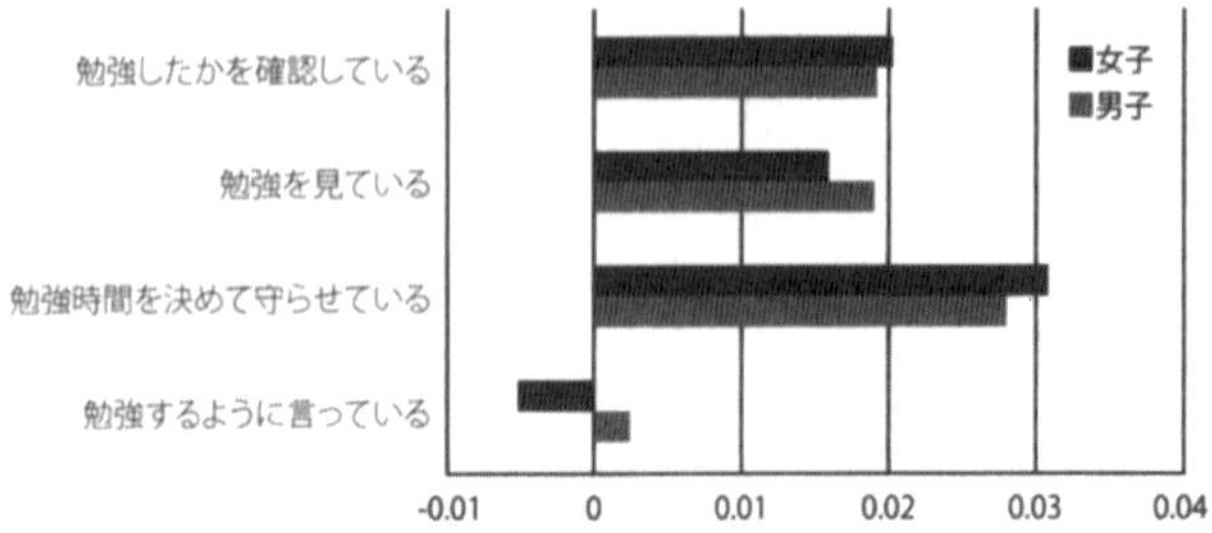

図3 子供の勉強に関する父親のかかわり

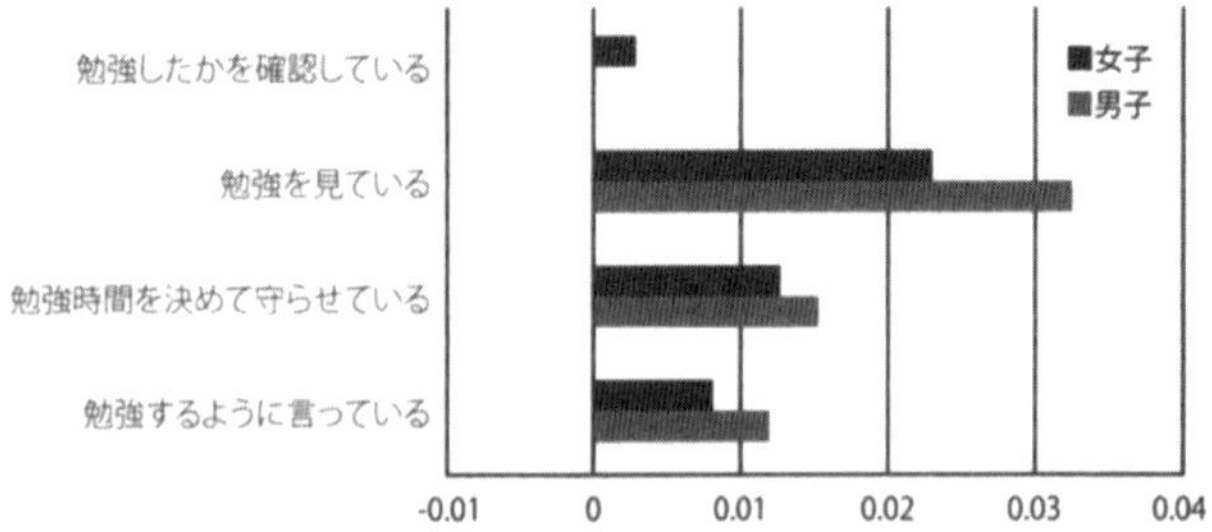

注：1. 図表の棒グラフは、数値が高いほど子供の学習時間を増加させる効果が高いことを意味する。
2.親の関わりの度合いは、各項目2点満点で数値化され、子供や親に関する観察不可能な要因（子供自身の能力や親の教育熱心など）を制御した固定効果と呼ばれるモデルを推計した結果をグラフ化したもの。
出所：Nakamuro,M.,Matsuoka,R.,& Inui,T.(2013).More time spent on television and video games,less time spent studying? RIETI Discussion Paper Series No.13-E-095

親が子供の将来を心配するあまり、あれこれと指示をしてしまうことは、どこの家庭でも見受けられるものです。学歴を身につけ、将来はよい職に就いてほしい。昔から変わらぬ親の気持ちですが、それで小言が多くなると、逆効果かもしれません。

『学力の経済学』（中室牧子著／ディスカヴァー・トゥエンティワン）という本のなかに、おもしろいデータが紹介されています。

図２、３を見てください。母親と父親の子供の勉強に対する関わり方と、子供たちの勉強時間（やる気効果）の関係です。

もっとも効果的なのが、「男子の勉強を、父親が〝見ている〟」というケース。

最悪なのが「女子に母親が〝勉強するように言っている〟」です。なんと、効果はマイナスですね。同様に「母親が〝勉強するように言っている〟」は男子に対しても効果はないと言っていいようです。

まさに、このケースがわが家でも起きていたのです。

父はこうしたことに早くから気づいていたようで、「勉強を見る」ことはあっても「勉強しなさい」とか「勉強する時間を決めなさい」など、子供たちに強要したことはありませんでした。

子供たちの勉強に対する親の関わり方について、私自身の経験からも思い当たることがあります。

娘が小学校2年生のころ、リビングで仕事をしている私のそばに来て、「作文の宿題が出たのだけど、何を書いていいのかわからない」と、愚痴るのです。

私は「ふーん」と生返事をしたまま仕事を続けていました。

娘はランドセルから原稿用紙を取りだして、私の対面に座ります。

七田家ではよくある光景です。

「2ページも書かなくちゃいけないのに、全然、書けない」

娘の愚痴は続いています。

私は仕事の手を休めて、「何について書く宿題なの?」と聞いてみました。

「今日、学校でやった『お買いものごっこ』のことを書くんだって」

「ふーん、それってどんなものを売っているの?」

「何屋さんがあるの?」

「おもちゃのお金を使うの?」

「お金がなくなったらどうするの?」……。

私の質問に、娘は次々答えます。

そうしているうちに、娘の鉛筆が進みはじめたようで――。

「ノート2ページ」という宿題でしたが、終わってみると「10ページも書けた！」と喜んでいました。

そのとき、私も「親が子供の勉強を見るというのはこういうことか」と再認識させられました。

私は娘に「作文の宿題をやりなさい」とは言いませんでした。何気なく質問を投げかけただけ、娘はそれを捉え、自分の「勉強」にフィードバックする。

子供に対する親の関わり方は、このくらいがいい。

「自分の部屋でやりなさい」と突き放してしまうのもよくないと思います。

わが家には三人の息子娘がいます。彼らが学齢期だったころ、夕食後のダイニングテーブルは賑やかでした。それぞれがそれぞれの宿題などをもってきて、そこで始めるのです。

私も仕事で子供用の教材のチェックをしていることが多く、なんだか全員で宿題をしているような状態でしたが、私自身の仕事の効率も上がるから不思議です。

こうした経験は、親子双方にとってプラスの効果をもたらすのです。

何も宿題や学習にかぎったことではないと思います。たとえば、職人さんの子供が、親の仕事を見ながら、道具を使って遊んでいる。特別に教えたわけでもないのに、器用に物をつくったりする。

両親が食事の準備をしている。そばで子供が見ていれば、自然と自分も何か始めるものです。それがやがてお手伝いになったり、自分で料理を楽しむようになったり。そんなふうに親を見て、子供は勝手に変わっていく。

子供に将来を押しつけたり、考えさせたりを強制すれば、まったく逆効果です。子供は親の普段を見て、自分が進むべき道を見つけだします。

だから、子供に何をさせるかに一生懸命になるより、親である自分が何を一生懸命しているかが重要なのです。

家族の生活時間のなかに、子供の勉強時間を取りこむ

東大生の48・6％が、勉強はリビングでやっていたというアンケート結果もあります。同じ場のなかで大人が作業をしていると、子供たちも自分の役割を見つけてやりはじめるものなのです。それが、長い目でみると、親の思いを子が継ぐことにつながっているような気がします。（テレビ東京「ザ・逆流リサーチャーズ」番組調査より）

2 大切なことは、みな子供たちから学んだ

「淳と厚がどんどん成長していく。そこで私はどんどん新しい子育ての経験を積んでいくことになる。これが私にとって、大きな楽しみであった。子供たちの成長が、幼児教育を研究している自分の研究になるからである。」

父の著書『生きて来た道』からの一節です。淳とは、4歳でこの世を去った私の兄のことです。

――子育てのおかげで、自分の研究が前進する。

父らしい言葉です。ただ、この本には私の夜泣きに悩まされたというエピソードも書かれています。これを読むまで自分がそんなふうに両親を困らせていたということを知らなかったので、ある意味で新鮮な驚きだったのです。

もう少しだけ、父の著作から引用します。

「私と妻は、夜中に厚が泣くと、代わり番こに厚を抱いて泣き止むのを待った。厚がなかなか泣き止まないので、厚を抱いて夜中に外に出、一生懸命に厚をあやして泣き止むの

を待った。ずっと後に、しっかり胎教をして育てると、赤ん坊は夜泣きなどするものではないことを学んだ。夜泣きをするのは心がさびしいからである。私はまだ子育ての初心者であったので、胎教の大切さを学んでいなかった。そのための苦労だった」

そういえば、父は生前「大切なことはみな、子供たちから学んだ」と言っていました。当時は「なるほど、私たちのおかげで父も学ぶことができたのだ」くらいに思っていたのですが、「夜泣きの大変さ」も学びの一つだったわけです。そう思うと、悩ませた本人としては複雑です。

父が著作のなかで指摘しているとおり、胎教と夜泣きは密接に関係しているようです。手前味噌になってしまいますが、胎教をして生まれてきた赤ちゃんは「表情が豊か」「夜泣きをほとんどしない」などの特徴があります。

「胎児はお母さんの思いをすべて受けとっています」というお話をしても、「ほんとかなぁ?」と疑いの気持ちが湧いてくる方も多いかもしれません。

しかし、約860億ある脳細胞のほとんどは胎児の時期につくられます。そのあいだによい刺激を与えつづけることは決して無駄ではありません。お腹の赤ちゃんはみんな「元気で賢く」生まれる準備をしているのです。

子育ては、子供が生まれたときに始まるのではなく、お母さんのお腹のなかに誕生したときから始まるのです。

だから妊娠がわかった時点で、お腹のなかにいる赤ちゃんに名前をつけることをお勧めします。

名前がつけられると、赤ちゃんは特別な存在になるのです。こうすることで、わが子に対する愛情が違ってきます。

男の子なのか、女の子なのかを知らない時期に名前をつけるのはちょっと……とお思いになるかもしれませんが、胎児時代の名前と生まれてからの名前は別でもいい。

生まれ出た子が名前どおりのイメージの子であったならばそのまま命名すればいいし、そうでなければまた別の名前をつければいい。

とにかく名前をつけることで、「特別な存在である」と親が自覚することが大切なのです。

私は20代の半ばに二代目の経営者となりました。当時は独身で、子育ての経験はゼロです。だからということでもないのですが、「七田式」の理論などは父がそれまで組みあげてきたものに頼りきりです。講演活動も父に任せきりでした。

私はとにかく会社を守っていくことに専念したのですが、「父のように子育てから学びたい」という思いは年々大きくなっていきました。

ですから、結婚して親になったときは本当に嬉しかった。

三人の息子娘を育てることになるのですが、告白すると失敗と成功のくり返しでした。

私も父と同じように「大切なことはみな、子供たちから学んだ」と言いたい。

つまり、どんなに本を読んでも、どんなに先人の話を聞いても、実際に携わってみるまでは未経験者なのです。そして子育てのノウハウは、やはりすべてが子育てのなかにあるのです。


この本を読んで「うちの子には胎教をしなかった」「幼児教育をしないまま小学生になってしまった」、だから手遅れだ、なんて思わないでください。

少なくとも、こうした本を手に取られる方はみなさん、「一生懸命子育てをしている」はずです。もちろん至らないことはあるかもしれませんが、常にそのときの精一杯をやっていると思います。

まずはそれでOK。「あなたが生まれてきて嬉しく思っているよ」という親の気持ちが、子供に伝わっていればいいのです。愛しているということを伝えておく。

そうすれば「私は愛されている」「愛してくれている人を困らせたくない」と思うよう

になり、問題行動は自然と減っていくものです。

逆に愛情不足に陥ると、大事にされていないと思い、投げやりな気持ちになって、自暴自棄な態度になりがちなのです。

主人公はあくまで子供たちであり、両親は彼らの人生の脇役であり、演出家であり、応援団長であったりしながら、エールを贈りつづける存在なのです。

自分の知らない自分を子供から学び、ともに成長する

子供の人生は子供のものです。子供がどういう人になりたいか、どういう人生を歩みたいかは、親が決めることも強要することもできません。

親ができるのは、わが子がどういう人になろうとしているのか、どういう人生を歩もうとしているかを理解すること。そのうえで、わが子との関わり方を学んでいくしかないのです。サポート役に徹して、ともに成長するしかありません。わが子が幼児から青年になっても、同じです。

3 そうか……（嘘を詮索しない）

若者が犯罪を起こすと、決まって「幼いころ、ネグレクトにあっていた」「父親からひどい暴力を受けていた」といった家庭環境が取り沙汰されます。

ただ最近、目立ってきたのが、「とても仲のよい家族でした」「両親から溺愛されていました」というケースです。

これまでもお話ししてきたとおり、親の愛情は子供の情操に大きく影響します。ただ「多くの愛情を注ぐ」のと「溺愛」では意味合いが違ってきます。

幼児期に溺愛され、わがままに育てられた子は我慢することを知りません。

父は「愛」「厳しさ」「信頼」。この3つの言葉を忘れずに生きていました。七田式においても子育ての「三種の神器」として認識されています。

この3つは独立してあるのではなく、互いに太いパイプで結ばれています。

「愛」と「厳しさ」は車の両輪のようなもの。そして「信頼」がエンジンです。

愛だけでは車はまっすぐに進まないのです。また、愛のない厳しさは単なる暴力になってしまうし、愛の裏に信頼がないと、すべての言動は空虚なものとなります。

本書ではここまで「愛」の大切さについては多くを語ってきました。

今回は3つのうち、「信頼」についてお話ししてみたいと思います。


高校を卒業した私は、東京理科大学に入学します。

当時の私は、こういってはなんですが、けっこうな〝高給取り〟でした。

家賃は父が払ってくれ、その他の生活費として、毎月、仕送りをしてもらっていました。

さらに家庭教師のアルバイトも始めたので、それで十分やっていけるはずなのですが、なぜかいつもお金に困っていました。

告白しますが、要するに遊興費に消えていたのです。

それでも根は生真面目ですから、幼いころからお小遣い帳を続けており、その習慣で大学に入っても家計簿をつけていました。

仕送りとアルバイト料、入ってくる金

大学入学前。
父（眞）との一枚（右：厚）

額はわかっています。家計簿を見れば、どこを削ればいいのか一目瞭然のはずですが……、やっぱりだめですね。仕送りの振り込み前には財布のなかが空っぽというのが常でした。

あと数千円あれば、なんとか今月を乗り切れるのに……。

そんなある日、本屋をぶらついていた私は妙なことを思いつきます。本棚にふと見つけたスペイン語の辞書を引っぱり出しました。値段を見ると5000円です。

「なるほど、ちょうどいいな……」

私は辞書を本棚に戻し、部屋に帰ります。

そして家計簿を広げて〈スペイン語辞書・5000円〉と書きつけたのです。

「これでよし」

続けて、私は実家に電話をして「スペイン語の辞書を買いたいけど、お金が足りないから、5000円、なるべく早く送金してほしい」と父に伝えます。

今にして思えば、実の息子が犯人の「振り込め詐欺」です。

七田家には「本はお小遣いの外」という暗黙のルールがありました。

きょうだい各人のお小遣いは年齢ごとに決まっているのですが、本だけはお小遣いの額に関係なく、別会計で買ってくれていたのです。

その感覚があったので、辞書なら仕送り以外の別会計でお願いしてもいい、という心安さがあったのだと思います。さらに罪悪感を押さえ込むため、お小遣い帳にも「買いましたよ」という〝証拠〟を残しました。

電話口の父は「そうか……」とだけ言って、すぐに指定した額を送金してくれました。

しかし、今になって思い返してみると、「父はすべてをわかっていたんじゃないか」という気がします。

そもそも私はスペイン語を履修していませんでした。元英語塾の先生だった父は、息子の学んでいる外国語については興味をもっていたはずです。

実際のところ、私は大学では、ドイツ語とフランス語を履修し、ロシア語も1年学びましたが、スペイン語は、ＮＨＫのラジオ講座を何度か聴いたことがあるだけ……。

それでも、父は疑う素振りすら見せませんでした。

当時、父は教育研究家として少しずつ名前が知られるようになっていて、仕事の関係で東京に出張で来ることも増えていました。

そうしたタイミングで「そういえば、この前、買ったスペイン語の辞書ってどこにある？」と言いださないともかぎりません。でも、そんなことは一度もありませんでした。

だから、罪悪感だけが私の心に残りました。

息子の嘘を、父は飲み込んで信頼してくれました。嘘を信じたというのではありません。これまでしっかり育ててきたこの子であれば、多少曲がったことがあっても、最終的にはもとの道に戻ってきてくれるだろうと信頼してくれていたのです。

私のなかに残った罪悪感はほどよいワクチンとなり、暮らしと精神を健康状態に戻してくれました。

『奇跡のリンゴ』（石川拓治著・NHK「プロフェッショナル仕事の流儀」制作班監修／幻冬舎文庫）で有名な木村秋則さんが無農薬リンゴを実らせたのは、最後にリンゴ畑の雑草をそのままにしたことがきっかけでした。

丁寧に雑草を刈っているあいだには、害虫や厳しい気候のなかで枯れてしまったリンゴが実ったのです。

雑草がリンゴの木を育てたのかもしれません。

余談ついでにいえば、木村さんは農薬の代わりに、リンゴの木にずっと愛情を込めた声かけを続けているそうです。

あらゆる経験が『予防接種』となるよう、適切な距離から見守る

「買った辞書を見せなさい」「家計簿の数字と同じ額の領収書を見せなさい」とやれば、相手は嘘を信じさせようと、さらに嘘をつく……問い詰めは人を追い詰めることになり、逆効果な場合が多い。それよりも「信頼」することで相手の自浄能力を呼び起こすほうが効果的なこともあるのです。

4 目を離して心を離すな

ここまでは「愛」「厳しさ」「信頼」のうち、信頼についての話でした。今回は「厳しさ」について。これも私が大学生のときの出来事です。

15歳で中学校を卒業するまで、私は実家で両親といっしょに暮らしていました。この15年間、私は父に叱られた記憶がないのです。

「厳しさ」が抜け落ちているのでは——？

そんなことはありません。

声を荒げるようなことはしませんでしたが、やっていいことと悪いことの区別は常に明確で、そこから外れそうになると注意されました。

「だめ」というだけでなく、どうしてだめなのか、言葉を尽くして説明してくれたのを覚えています。たとえ相手が子供であっても、人として真摯に向きあって接するのが父の流儀でした。

中学を卒業し高校生になると、私は広島県の高校に進学します。この3年間は寮生活です。生活には規則があり、そこから逸脱することはできません。

ところが大学生になると少し違ってきます。

島根から遠く離れた東京での一人暮らしです。父の目の届かない場所なのですが、心は放れていませんでした。

私が東京の板橋区で一人暮らしを始めたころは、ちょうどバブルの入り口で、大学生でもクレジットカードをつくるようになった時代です。

学生でも保証人なしでカードを発行する百貨店が出はじめたころでもあります。私も1枚つくりました。しかし、まだまだ子供です。カードの使い方は知っていても、使った結果にまで考えが及びませんでした。

一人暮らしのための家財道具を見に、デパートに行ったのですが、必需品よりもついつい「趣味」の分野に意識は向かいがちです。

家電コーナーに行くと魅力的な商品が並

勉学に励む厚

んでいます。なかでも気になるのがオーディオセットです。ただやっぱり高価です。

よほど物欲しそうな顔をしていたのでしょう。売り場の女性が近づいてきて、「もし弊社のカードをお持ちなら、最大36回払いが可能ですので」と電卓を取りだします。「この商品ですと、毎月のお支払いがわずか3000円ですよ」

それまで遠くに見えていた10万円以上のオーディオセットが俄然近づいてきました。20歳を迎えたばかりの私は催眠術にでもかかったみたいに、分割払いの書類にサインをしていたのです。

一度手を出してしまうと、あとは簡単です。ほしいと思っていたものを次々と〝購入〟してしまいます。

ところがわかっていなかった。

私は、購入したと思っていたのですが、違いますね。

ローンで商品を手に入れるのは、購入ではなく、商品を「購入する契約」を結んだにすぎません。

ある日、一人暮らしの私の部屋を訪ねてきた父が、そこに並んでいるテレビやオーディオセットを一瞥したあと、おもむろに私の目を見据えました。

これまでに見たことのない、触れれば切れそうな目つきです。

「これはどうしたんだ？」

一瞬、「？」です。

間違ったことをした意識すらなかったのです。「ローンを払いさえすればいい」と軽く考えていたのです。

誤解してほしくないのですが、ローンで買い物をすることを「間違いだ」と言っているのではありません。ただ、親に仕送りをしてもらっている私がやるには規模が大きすぎた。身の丈に合っていなかったのです。


父は静かに言いました。

「支払いの詳細がわかる書類を見せなさい」

たぶん、私の顔からは血の気が引いていたと思います。それほどに怖かった。

言われたとおり、ローンの書類を父の前に並べました。

盗んだわけではない。誰かを騙して手に入れたわけでもない。僕はただ……いろんな思いがぐるぐると頭のなかをめぐります。

「あなたはまだ借金をしてモノを買うほど大人じゃないよ。このローンの残りはお父さんが全部肩代わりしてあげるから、約束してほしい。もう二度とクレジットカードで買い物をしないこと。ほしいものがあったら、お金を貯めて、貯まってから買うようにしなさい」

いつもより少し低い父の声が、私の心にどっしりと響きました。

このことが私にはよっぽどこたえたのか、それ以後、現在に至るまで、私がローンを組んで買ったのは、自分の家だけ。カードで支払うときには、常に翌月1回払いです。

あの日の体験がなければ、私はもっともっと大きな借金を背負っていたかもしれません。返済不能に陥るのは簡単です。現にそうなっている人は大勢いるのですから。

現在、私は経営者です。会社を運営するために銀行からお金を借りることはもちろんありますが、あの経験があるから、かなり慎重に額を検討します。

そういう意味では、いい勉強でした。息子の借金問題も未然に防ごうと思えばできたはず。ガチガチに縛りつければいいだけです。でも、そうはしなかった。なぜなら、それでは自立できないからです。

自由を与え、小さな怪我をさせることで、痛みを教えてくれたのだと、今は感謝しています。

未然に防ぐだけでは、自立できないこともある

20歳そこそこのあの日のことを振り返って思うのですが、当時の私が「残高を払ってくれるの！　ラッキー♪」と思う人間なら、父はあのような叱り方はしなかったと思います。そこまで子供だったら、そもそも一人暮らしすらさせていなかったでしょう。遠くに住まわせ、目は離していたけど、やはり、心は離していなかったのです。

5 自分で自分を治そう

父は6人姉弟の4番目として生まれました。

実母は父が1歳のときに結核で亡くなってしまいます。

祖父はその後、再婚し、父の次に二人の弟が生まれました。

一番上のお姉さん、私から見ると伯母さんなのですが、この人は、祖父が特に手をかけて教育したわけでもないのに、就学したときには読み書きができるようになっていたそうです。おかげで祖父は「親が手間暇をかけなくとも、子供は勝手に育つものだ」と思っていました。

だから、次に生まれた長男の教育に関しても特別手をかけることはなかったのです。ところが、これが後々よろしくない結果を生みます。

小学校1年生の学校参観で、わが子の授業中の態度を見て唖然としてしまうのです。

クラスで一人だけ字が読めない、簡単な質問にも答えられない、それればかりか先生の話も聞かず、隣の子にちょっかいを出す……。

祖父は大反省をし、その日から子供の教育に対する考え方を改めます。

――小学校に上がる前に、最低でも「読み書きそろばんの基礎」くらいは身につけさせておくべきだ。

反省後の祖父の座右の銘となりました。

そうした環境で育った次男は、その後、東京大学に進みます。

父、七田眞はちょうど運悪く高校進学の時期と戦争が重なり、旧制中学校を1年半早く卒業させられます。


第2次大戦以前、祖父は中国の満州鉄道で働いていました。大きな家に住み、使用人も複数抱えていました。ところが戦争を経て、日本に戻ってきたときには財産は残っておらず、父の学費も出せないような状況でした。

「眞、本当に申し訳ないが、今わが家にはお前を大学に入学させるだけの余裕がない。学びたいのであれば自分で何とかしてくれ」

戦後は日本中が貧乏でした。経済的な理由で学業を断念せざるを得ない人は父だけではありませんでした。

しかし、父の意欲は貧乏をもはねつけます。

大陸からの引き揚げ後は福岡県に住みます。そこで八幡製鐵所（現・新日鐵）に職を得ながら、同時に北九州外国語大学（現・北九州市立大学）の夜間部に通いはじめます。ところが、25歳のときに肺結核に罹患してしまうのです。

結核は母の命を奪った恐ろしい病気です。かなりショックだったであろうと想像しますが、父はやはりめげません。

病床でも精力的に勉強を続けます。

それを可能にしたのが「読書」でした。

子供のころから本に親しみ、中学生で文筆家になりたいという夢を抱くようになったことは前にも書きました。

以来「すべての経験は人生の糧である」との信念をもつようになり、「貧乏」「裏切り」「大病」を経験するのが父の目標でもあったのです。

おかしな目標ですが、本人は大真面目だったようで、「結核になったときは、貧乏と大病が続けて経験でき、神様に感謝したよ」などと語っていたほどです。

私が知っている父は、1年間に600冊くらいの本を読む読書家でした。単純計算で月に50冊。家のなかは本だらけで、本を避けながら生活するような感じでした。

父眞の書棚

　病気に臥せっているときに《才能逓減の法則》に出会い、余命宣告を受けてからは「では自分で治そう」と、読書から得た知識をもとに、独自の健康法を始め、見事病気に打ち勝つのです。

「私は本好きだったことが功を奏して、充実した人生を過ごすことができた」と常に言っていました。

　そういう自分自身の体験もあるから、七田式の教室に集まった親御さんたちに「子供たちを本好きに育てましょう」と指導していました。

「本好きな子供に育つことができたら、それは金の卵を生む鶏ですよ」と。

　本好きになれば親の責任の半分は果たしたようなものだとも考えていたのです。七田式が読み聞かせを重視するのも、子供たちを本に親しませたいからです。

病気になっても、何かの事情で学校に行けなくても、本は人生を救ってくれます。


子供を本好きにするのは難しいことではありません。

幼児期から、時間を見つけて読み聞かせをしてあげるのです。絵本の読み聞かせはしたけれど、入学後はやめてしまったという親御さんも多いのですが、絵本で終わりにせず、いわゆる児童書を楽しめる年齢まで、つまり小学校の低学年くらいまではなるべく読み聞かせをしてあげるとよいのです。

つきっきりでやる必要はありません。家事の合間、寝る前のひととき、そうした時間を工面して本を読んでやる。そうすれば、少なくとも「本を読むことが苦にならない」人間に育ちます。


子供たちが自分の間違いに気づく力、自分を正す力の基礎となってくれるのは、何よりも読書です。読書は、子供たちの先生にも友人にもなってくれるものです。

「それはいけないよ」「間違ってるよ」

そう言ってくれる人がいないときでも、「本のなかで、こういう場合、結末は悲惨だったな」とか、「苦しくても頑張って成功したあの人の本では、こういうとき、諦めなかったよな」とか、自分のなかから読んだ本が語りかけてくれるのです。

読書は一生の師匠として、友人として、生きる力を育む

読み聞かせにはよい面がいろいろあります。国語力がつくのはもちろん、読み聞かせの時間はまさに親子の時間です。「毎晩、親が本を読んでくれた」という思い出は「親に大事にされた」という意識になって定着します。こうした意識が自己肯定感につながり、最終的には生きる力になるのです。

6 セミナーを受けてみないか

父が英語塾をたたんで、七田式の幼児教育理論を広く提唱しはじめたのは、私が高校生になった年のことでした。そして数年後には東京・新宿のマンションに部屋を借り、東京オフィスを開設しました。

詳細は後述しますが、当時、大学生だった私はそのオフィスの一室に住むようになっていました。

そのころから、私は少しずつ父の仕事を手伝うようになります。でも、父の跡を継ぐ気はありませんでした。父の理論を深く理解していなかったのが大きな理由です。

「理解していない」というより、若干、懐疑的ですらあったのです。

当時の父は、島根から毎月上京し、講習会などを開催するようになっていました。

父はもともと人間の奥底に眠る能力について並々ならぬ興味を持っていました。胎教や幼児教育の重要性を確信していたのは、そこに、人間の潜在的な能力を呼び覚ます答えが潜んでいると気づいたからです。

でも、早期教育だけが人間の潜在能力を開花させるわけではありません。大人になってからだって、訓練次第では信じられないような能力を身につけることができます。

別の項でも少し書きましたが、人間の脳には右脳と左脳があります。左脳は理論的な思考を司り、右脳は感性や感覚を司ります。この右脳を開発することで眠っていた能力を開花させることができるのです。

何やら怪しげな話だなと思いたくなるかもしれませんが、そんなことはまったくありません。たとえば速読ですが、活字を立体的に捉える目の使い方と大量の視覚情報の処理が得意な右脳を鍛えることで、通常の5～6倍のスピードで活字を読みとることができるようになります。

1冊1時間かけて読んでいた本が10分程度で読めるようになるわけです。信じられないようなスピードですが、超能力でも何でもありません。適切な指導のもとにトライすれば誰にでも可能なことです。

ただ、大学生のころまで、父が取り組むそうした研究に、私はあまり興味がありませんでした。

父は研究の一環として、たびたび潜在能力開発のセミナーに生徒として参加していました。1日で10万円を超える高額なセミナーもありましたが、父は玉石混交を承知のうえで参加しているようでした。

そして、ときどき私のことを誘うのです。自分のやっている研究を少しでも理解させたいという思いがあったのでしょうか。不承不承ではありますが、何度か父のお供で参加したことがあります。

まだ大学時代でしたが、あるセミナーで、インストラクターが人間の能力にはリミッター装置がついているという話を始めました。

火事場の馬鹿力という言葉があるように、いざとなると、人はとんでもない能力を発揮します。ところが平時は、その力は体の奥深くに眠っている。なぜなら、馬鹿力はときに、体の機能を破壊してしまうからです。

軽自動車に大型エンジンを積んで走れば、車体は壊れてしまうでしょう。そうした危険から身を守るために、人間の能力にはリミッターがついている。

インストラクターは話しながら、出席者一人ひとりに東京23区の電話帳を配りました。厚さが6~7センチはあろうかという分厚い電話帳です。

「さぁ、みなさん。それを2つに裂き破ってください」

そんなことを言われても、この厚さじゃ、ちょっと厳しいんじゃないですかと思いながら、私も鼻息を荒くして挑戦するのですが、電話帳はびくともしません。

「この電話帳破り、先週、70過ぎの女性が見事、成功させました！」

その言葉を聞いた瞬間、私が手にした分厚い電話帳に裂け目ができ、破ることができたのです。

インストラクターは2つに裂けた電話帳を示して言いました。

「不可能だと思い込んでいる人にはこの電話帳は一生かかっても破ることはできません。でも、『できる』と心が思った瞬間、不可能は可能になるのです」

潜在能力開発は、SF小説に出てくる超能力開発とは違うものです。実際に存在する能力をただ呼び起こすだけのもので、怪しげでも何でもないものです。

父の研究の一端を理解した瞬間でした。

後年、私は父の跡を継いで二代目の経営者となります。能力開発セミナーでのこの体験は、来るべき社長移譲のための布石の一つだったようです。

親の経験を後知恵として、子供の立場で将来へのアドバイスを

親は人生の先輩です。わが子の様子を見ていると、その将来が見えてくるものです。適切なタイミングで適切なアドバイスをするのも子育ての醍醐味といえるのです。自分の人生で感じた、「あのとき、ああしておけばよかった」はわが子に提案すべき材料となります。子供がまさに「あのとき」にいると感じたら、そっとアドバイスしてみてもいいかもしれません。後知恵は、そんなふうに役に立てたいものです。

7 おかえり

大学に合格し、上京してから半年は、親戚の伯母の家にお世話になっていたのですが、その後、東京都の板橋区で一人暮らしをすることになります。

伯母の家にいた半年間は、親代わりの目もあり、羽根を伸ばしきることはできませんでした。しかし、一人暮らしを始めてからは、のびのびと自由を謳歌してしまいます。

一方、七田式の幼児教育を広めたいという父の願いは、徐々に実を結びはじめます。

私の大学在学中に、父の会社は東京支部をつくることになり、新宿のマンションの一室を借り上げました。基本は会社の事務所なのですが、そのなかに一室、寝泊まりができる四畳半のスペースがありました。

「夜は誰もいないし、週末はお休みだから、下宿を引き払って、こっちに来て住まないか？」と父は言います。大都会の新築マンションの住人になれるのですから、私は喜んで飛びつきました。

板橋に住んでいるころは、部屋の合鍵を父は持っていませんでした。上京して顔を出す場合は、事前に連絡があったのです。

しかし、新宿のマンションに移ってからは、父も鍵を持っています。学校から帰宅すると父がいる、ということも増えてきました。

そのころになると、私は少しずつ会社を手伝うようになります。

新宿のマンションに住まわせてもらっているということで、その分、何か役に立つことをしなければ、という思いが湧いてきたのだと思います。

パソコンを一式用意してもらい、お客さんのデータベースをつくって、顧客管理のようなことをやっていました。

でも、本業は大学生です。サークル活動や飲み会なども忙しい。ときには深夜まで飲み会が続くこともあります。

都内の大学ですが、近県から通っている学生も多い。そういう人たちが行動しやすいように、飲み会は新宿など、大きなターミナル駅の近くで行われることがよくありました。

その日も新宿で飲み会がありました。大いに盛りあがり、終電の時間が近づいても終わる気配はありません。

私の住まいは新宿ですので、帰りの心配はないのですが、神奈川や千葉へ帰る人もいます。

結局、何人かが終電を逃すということも珍しくありませんでした。

当時はまだ風営法が厳しくなる前で、ゲームセンターなどが24時間営業していました。電車がなくなれば、そうした場所で時間をつぶすことになります。

私は新宿に住んでいるので、帰ろうと思えば帰れるのですが、メンバーに交じる同級生や後輩を残して帰るわけにもいかず、付き合うことになります。

やがてビルの向こうが白々としてくる。時計を見ると午前5時をまわっています。

「そろそろ始発だね」ということで、やっと長い1日が終了です。

私は仲間たちを見送り、歩いて帰路につきました。

マンションに着き、部屋の入り口の鍵を開け、扉を開けたとき、ドキリとします。消して出たはずの玄関に明かりが点いているのと、何より、父のものらしき革靴がそろえてあるのです。


「父が来る日だったっけ……」

私が恐る恐る、出し汁の香りが漂う部屋のなかに入っていくと、父は流し台の横のスペースでトントントンと、包丁で味噌汁に入れる具材を切っているところでした。

私は父の背中に「ただいま」と声をかけました。

父は具材を切る手を休め、耳だけこちらに向けて「おかえり」と言いました。

それ以外は何も言いません。

「遅かったな」とか「どこで何をしていたんだ」とか、こちらとしてはそんな「小言」を覚悟していたのですが、一切ありませんでした。

私はなんとなく決まりが悪くなり、すぐに四畳半の自室に入って毛布にくるまりました。しかし、徹夜明けなのに、なかなか眠れません。

今は何も聞かれなかったけれど、寝て起きたとき、朝帰りの理由を聞かれるかもしれない。そうしたら、「自分だけ、仲間をおいて帰るのはよくないと思った」って言えば怒られないかな、など、いろいろ考えはじめてしまったのです。

そのうち眠ってしまい、目が覚めたとき、父はもういませんでした。


その日は、日曜日で会社は休みでしたが、父は自分でつくった朝ごはんを食べて講演に出かけたのです。私は昼過ぎにベッドから抜けだして、父のつくり置いていった味噌汁をすすったのでした。

ただ、それだけの出来事です。取るに足らない思い出のはずなのに、私は今でもときどき、あの朝の父の姿を思い出します。

「中学校を卒業したら自立させる」というのが父の流儀です。だから私たちきょうだいはみな、高校からは寮生活でした。

それ以降は子供扱いせず、信頼する。そうやって巣立ちを促してくれました。だから父は、息子が朝帰りしても何も言わなかったのだと思います。ただ、何も言わなかったからこそ、今でも私の心に「あなたのことを信頼しているからね」という無言のメッセージが残っているのです。

覚悟をもって子供を理解し、信頼すること

私も父親になり、あのときの父の気持ちがやっとわかるようになりました。子供たちのことを信頼するのは、実はとても難しいことです。それでも「愛」と「厳しさ」があれば大丈夫。子供たちは案外器用に巣から飛び立つものです。

大学生にもなれば、子供の責任は子供に任せておくのがいいはずです。自分の責任がなければ、子供も反省をするということができないのですから。

8 仕事を継いでくれるつもりある？

父が亡くなったのは、私が46歳のときでした。父の仕事をなんとなく手伝うようになったのが21歳のころなので、四半世紀ものあいだ、父といっしょに仕事をしたことになります。

父の思うように操られた人生だというと語弊がありますが、ときどきこんなふうに思うことがあります。

自分は好きなように生きてきたつもりだったのですが、結局、お釈迦様の掌の上で駆けまわっていた孫悟空のようなものだったと。

父が私をどんな人間に育てたいと思っていたのかはよくわかりません。しかし、「理想」のモデルがあって、そこに向かって……といったことではないのはたしかです。

そもそも理想は、その人によって違います。当然、父の理想と私の理想は別物です。

１９７６（昭和51）年7月、島根県江津市で主に中高生向けの英語塾を営んでいた父は、初めて幼児向けの英語クラスを開設します。その2年後には、有限会社七田児童教育研究所を設立し、ほどなくして父は地元のテレビ出演などもこなすようになり、１９８０（昭和55）年には東京に進出し、「七田眞幼児教室」を開設しました。

大学の後半は父の仕事を手伝っていた私は、ある日、「大学を卒業したら、仕事を継いでくれる気はあるか」と父に問われ、ほぼ即答で「いや、その気はないよ」と答えました。

当時の私は父の理論をよく理解してはおらず、「天才児をつくる教育法」くらいに考えていたので、それにどれだけの意味があるのだろうと、父の仕事に対して懐疑的な気持ちをもっていたのです。

また、親の敷いたレールに乗って生きることに「主体性のない生き方」のようなイメージをもっていたのも事実です。

ただ、一つだけ気になっていたのは、父の研究の一つ、自閉症やダウン症などのお子さん方の能力開発でした。

将来を悲観されがちなこうした子供たちの状態を、世間で思われている以上に回復させ、より社会生活に適応できるように能力を高める研究です。この分野で、すでに父はかなりの成果を出していました。今でいう「療育」の先取りのような研究です。

この研究には興味がありましたが、仕事を継ぐことについては、なぜか前向きな気持ちになれなかったのです。そうこうしているうちに、早期教育の第一人者として父の名は知られるようになっていきます。

そして他社との提携の話も持ちあがり、いよいよ七田式の教室が全国に開設されるようになる、これはその前夜の話です。


父の究極の夢は、自分の開発した教育法で人々を幸せにすることでした。会社の社長になるのが目的ではない。会社の利益のためでもない。

「わたしの跡を継ぐ気はあるか?」という言葉を本来の意味で分析すると、「私のこれまでの研究をより深め、発展させていく気はあるか?」ということになります。

ところが、当時の私はそこに興味を見出すことはできませんでした。

たぶん、父も息子の気持ちを読みとったのでしょう。教育法よりも会社経営について、より多くの時間を割いて私と対話するようになります。

イソップ寓話の「北風と太陽」のような手法とでもいえばいいのでしょうか。

旅人の上着を脱がせるため、父は北風のようにビュービュー風を吹きつけるようなことはせず、太陽のようにポカポカ照らし、私の疑念を晴らしてくれたのです。

そもそも数学好きで、数字を眺めることが苦ではない私に、少しずつ事務仕事から手伝わせはじめます。

これがだんだんおもしろくなってくる。百人一首や和算のおもしろさを教えてくれた、あの子供のときと同じです。私は会社のデータを処理するうちに、教材と会員数のバランス、会員の年齢層に対して、扱う教材の内容などが気になってきます。

気になるということは、興味が湧いてきたのと同意です。潜在意識で、「この仕事をやっていこうかな」という気持ちが醸成されていったのです。

仕事に参加させることで、子供の問題意識を自発的に変える

継ぐ気はない仕事、つまり興味の薄い仕事でも、関わっているうちに、自分なりに見えてくるものが出てきます。そういうものが見えれば、関心が向き、問題を見つけるようになります。問題が見つかると、なんとかしたいと思うもの。自分で発見した問題を、自分なりに解決方法を考えてみる。そうなるともう、その仕事は自分の仕事になっています。自分ができることを知った子供は、貢献を目指すようになります。このとき、親にすべきことは貢献を承認するだけでよいのです。子供は自分で将来を選ぶのです。

9 そんなに考えてくれているのなら社長をやりなさい

幕末の儒学者・佐藤一斎に『言志四録』という著作があります。

このなかで、教育において大切なことの一つは「憤」であるとしています。「憤る」ではなく「発憤する」というほうの「憤」です。子供たちに、いかに「憤」の心を植えつけることができるか、ここに教育の重要な役目があると説いているのです。

スポーツの世界では、わかりやすい例がたくさんありますね。

たとえばバルセロナオリンピックの柔道金メダリスト古賀稔彦選手のお子さん、古賀颯人、古賀玄暉、古賀ひよりの三兄妹はみなさん柔道の世界レベルの選手です。

歩けるか歩けないかの時期に道場に連れていき、楽しそうに稽古をする父の姿を見せているうちに、兄妹たちは自然と柔道に取り組むようになり、才能を開花させていきました。

自分の姿を見せることで「憤」の種を植え込み、育てたのです。

私の父も、現場を見せることで、私に「憤」の心を植えつけようとしました。そして、成功させるのです。

父は後年、自著『父親の7つの行動―お父さん、今こそあなたの出番です』（海竜社）のなかで次のように語っています。

「子供にやらせたいこと、向いてそうなことがあったら、押しつけてでもやらせようとするのではなく、関心を引くように仕向けて、自分から『やってみたい』と言い出すのを待つようにすればいいのです」

すっかり術中にハマってしまった私ですが、今では感謝しています。

大学を卒業した年の秋、全国に七田式の教室ができることが決まった翌日のことです。そうなると、今はまだ若い自分の同級生もいずれ全国のどこかの教室にお子さんを通わせる日が来るだろうと思った私は、父にこんなことを言いました。

「うちの教材のことだけど、中身がいいのはわかるけど、これからの時代、もっと外見やデザインもよくしたほうがいい」

「アウトソーシングできることは、その専門の会社にお願いして、うちの会社でしかできないことに専念すべきだと思う」

するとと父が突然、言いだしたのです。

「そんなに会社のことを考えているなら、あなたが社長をやりなさい」

学校卒業後、まず他社で数年修業させ、頃合いを見て自社に入社させる。社風と仕事を理解させるために、ここでも数年は現場で働かせ、役員、副社長……と階段を登らせる。これが二代目社長の一般的なイメージだと思います。

当時のわが社は社員が6～7人の小さな組織でしたが、だからこそ初代としては売り上げが伸び、業績が安定してから移譲するほうが安心だと思いそうなものです。ところが父はいろんなものをすっ飛ばしてしまった。

おそらく私の心にスイッチが入ったのを確認したからなのだと思います。

結局、1987（昭和62）年の10月に父は代表権を私に移譲し、自分は会長職に退きます。といっても大人しく隠居したわけではありません。そこについては後述します。

念押しのためではないのでしょうが、父はもう一つ、私の目の前に人参をぶら下げます。

4年間、新宿区民だった私は、そもそも島根にUターンをするつもりはなかったのですが、もし、そうなったとしても、今さら、親といっしょに住むのはちょっと……と考えていたところ、「会社の近くに一戸建ての家を買った」と父から連絡が入ったのです。

――もしあなたが住む気があるならそこに住んだらいいし、その気がないなら社員寮にでもしようと思っている。

その話は、私にとってとても魅力的な提案でした。

中学校卒業後、島根の自宅を巣立ち、「広島の学生寮」「神奈川の伯母の家」「板橋の下宿」「新宿のマンション」と渡り歩いてきた私にとって、再び両親と一つ屋根の下で暮らすということに乗り気にはなれない。これは正直な気持ちでした。

父はそのことにまで気づいていたのでしょう。

１週間と空けず、その家を見に行きました。そこには、老夫婦が住んでおられたそうですが、息子さんのところに行かれることになり、空き家になるため、売りに出ていたという築20年の一軒家でした。

それは２階建ての和風建築で、庭や畑まであり、一人で暮らすにはもったいないほどの立派な家を用意してもらい、Ｕターンするつもりはないという頑なだった私の心を一気に溶かしてしまったのです。


そんな意識になって、改めて会社を見てみると、手をつけたいことが山ほど出てきて、これは大変だと思いました。

しかし、仮に２００カ所の改善すべき点があるとしても、コツコツと地道に改善を積みあげていけば、１年後にはきっとかなりよくなるはずと、気持ちを切り替えたことを思い出します。よくこんな状態で社員さんがついてきてくれたものだと、逆に感心しました。

父は、日ごろ、経営に関する本もたくさん読んでいましたが、やはり父は経営者ではなく研究者だったのです。助さんも格さんもおらず、一人でその両方の役割を担うのは物理的に無理な話だったのです。


経営のイロハも知らない若輩者の私でしたが、父が私を経営者に指名したのは大正解だと思いました。当時まだ独身だった私にはとにかく時間だけは豊富にあったので、経営について学び、一つひとつ、解決すべき問題に対峙していこうと覚悟を決めました。

しちだ・教育研究所がスタートしてから10年目に、私は父から社長を引き継ぎ、そこからの10年で社員数も売り上げも10倍になりました。

時の運を含め、理由はいろいろあるのですが、やっぱりすべての種は父の生みだした理論と教えのなかにありました。

父は私のなかに、その種を育てる才能を見出してくれたのかもしれません。

スイッチが入ったら、目標を共有してすべてを任せる

稽古する姿を子供たちに見せつづけた柔道の古賀選手のように、私の父もよき指導者であったと思います。これはどんな分野にも応用可能です。なんでもけっこうです。親が楽しんでやっている姿を子供に見せてあげてください。必ず喰いついてくるはずです。

子供のスイッチが入ったら、躊躇せずにすぐに任せるべきです。

10 私はここに来ないよ

『論語』に「有教無類（教えありて類なし）」という言葉があります。最初からできる子、できない子の区別はない。すべては教育や環境次第である、といった意味です。

父の研究には、このような考え方がありました。

言葉にしてしまえば、実に簡単なようですが、探求を始めると一筋縄ではいきません。

終戦後、思うように学ぶことができず、苦学して英語を身につけ、さあこれからというときに大病を患い、余命宣告まで受けました。

49歳で会社を立ち上げてからは、それこそ孤軍奮闘です。共同出資者の裏切りに遭い、倒産の危機も経験しました。そして、還暦を目前にして私にバトンを手渡したのです。

「もっと研究したい」という思いが父にはあったし、もしかしたら「会社の経営なんてやっている場合じゃない」くらいのことは思っていたかもしれません。

会社を投げだしたわけでは、もちろんありません。

それまで父がお世話になった会社経営における先達たちに引きあわせ、経営のなんたるかを私に学ばせました。

ほかにも、実社会に船出する息子に心強い羅針盤を手渡してくれます。

七田家では毎月、子供たちを集めて家族会議を開き、目標設定をするのが決まりごとであることは前に書きました。

父はこのときも同じ手を使いました。

私に会社を任せると決まったとき、当時まだ6～7人だった社員全員を集めて、「夢会議」を開いたのです。大きな机に模造紙を広げ、今日から3年後、5年後、10年後、どのような目標をもって会社を運営していくかという会議です。

七田家の目標は昔から具体的です。

「来月はいい子になることを目標にします」

たとえばこうしたケースだと、父が質問をします。

「いい子ってどんな子なの？」

「えーと、朝、自分で起きるとか……」

「じゃぁ、それを目標にしようね」

子供の言ったことを否定せず、そのまま質問にして返す「やまびこ話法」で私たちきょうだいに、より具体的な目標設定を促してくれたものです。

会社の「夢会議」も具体的でした。

「10年後には売り上げを10倍にする」「10年後には自社ビルを建てる」……などなど。

ちょっとムリかも……というギリギリラインの設定です。

父は昔からこうした「さじ加減」がとても上手でした。

目標は低すぎても高すぎても、だめです。もしかしたら登れるかもしれない、というギリギリのところ。すると私たちは、登りつづけることができるのです。


この会議で立てた目標はすべて、少し前倒しで達成することができました。

実際に自社ビルが完成したとき「感無量とはこういうことを言うのだな」と3階建てのビルを見上げてしみじみと思いました。

私はお礼の気持ちを込め、3階にけっこうな資金をかけて会長室をつくりました。

新社屋に初めて訪れた父は、真新しい壁、階段、オフィスの机など、愛おしそうな目でなでるように見てくれました。

「喜んでくれているのだな」と、こちらも嬉しくなりました。

ところが会長室を見たとたん、「私はここには来ないよ」と言ったのです。

父は私に社長の座を譲った、その3カ月後には、新たな会社を設立し、活動を始めていました。

新社屋の会長室に、どかりと居座ることを良しとしなかったのです。

江戸時代、全国をみずからの足で歩き、『大日本沿海輿地全図』を残した伊能忠敬は傾きかけた伊能家に婿養子に入ってから、数年で家業を盛り返し、50歳になる直前に息子に家督を譲ります。

そこから忠敬は自分の本当の夢を追いはじめるのです。測量の修業を始め、並々ならぬ努力でそれを身につけます。幕府に許可をもらい、測量の旅に出かけたのは55歳のときでした。73歳で亡くなるまで、旅は続きます。

忠敬の残したデータをつなぎあわせて『大日本沿海輿地全図』が完成したのは、死から３年後でした。それは現代の日本地図と比べても遜色のない精度です。

私の父・七田眞も、本当に輝きはじめたのは、会社を私に手渡したあとでした。

それまで続けてきた幼児教育の研究をさらに深め、自分の得た知識を少しでも社会に還元しようと、呼ばれれば全国どこにでも出かけていって話をしました。講演活動といえば聞こえはいいのですが、聴衆がたった数人という会場もありました。それでも文句一つ言いません。

幼児教育にとどまらず、大人の右脳開発についてまとめた『超右脳革命』（総合法令出版）は、20万部を超える大ヒットとなりました。

父は２００９（平成21）年、80歳を目前にしてこの世を去るのですが、亡くなる２日前まで病院のベッドで執筆を続けていました。やり残したことはきっとたくさんあったことでしょう。

ふと思うことがあります。会社を私に譲るとき、父は自分の夢ごと、手渡したわけではありませんでした。

「私は私の夢を生きるから、あなたはあなたで新しい夢を見つけなさい」

そんな思いがあったのです。夢会議の夢を夢で終わらせず現実にしたいな、こんな教材があったらいいな、私の心に沸き起こったそうした夢を、父は少し離れたところで応援しつづけてくれました。そして、自分は別の角度で生きはじめました。私はその姿を見ながら、やはり学ぶことができたのです。

夢は共有するのではなく、応援するもの

夢は人それぞれのものです。環境を与えることはできても、夢まではわが子に譲ることはできませんし、それでは自分の夢を失うことになりかねません。自分の一生をまっとうすること、夢を追い求めること、挑戦しつづけることをわが子に見せるだけです。同様に、わが子の夢を共有する必要もないのです。すべてをわが子に託し、応援するのみです。

11 やってきたことを遺そうと思う

紀元前3世紀に生きた中国の思想家・荀子に、次のような言葉があります。

「それ学は通のためにあらざるなり。窮して困しまず、憂えて意衰えざるが為なり。禍福終始を知って惑わざるが為なり。」

―学問とは出世や金儲けの手段ではない、困ったときにどう対処すればいいのか、憂慮すべきときに意気消沈しないよう、禍の次には福が来ることを教えてくれ、迷わぬ心を育てるのが学問である。―

生前、父は学問の大切さを右のように語ってくれました。

そして「私の場合は『読書万倍利（書を読めば万倍の利あり）』、読書はどんな方法よりも倍にして利益をもたらしてくれた」とやはり中国の故事を挙げて教えてくれたものです。自分で言うだけあって、父は超のつく読書家でした。年間６００冊を読んでいたというから驚きです。

人間が生みだす表現力の素晴らしさに気づかせてくれたヘルマン・ヘッセの『デミアン』

幼児教育の有用性を教えてくれ、人生の指針を示してくれたヴィッテ牧師の『英才教育の理論と実際』。結核に侵され、余命宣告まで受けた自分を救ってくれた水田鹿次の『人類病死の原因に就いて』

また、1991（平成3）年に書いた『赤ちゃんは天才！』（KKベストセラーズ刊）がベストセラーとなったおかげで七田式は全国に知られるようになり、『超右脳革命』の大ヒットは右脳ブームに火をつけ、七田眞の名を一気にメジャーなものにしてくれました。

父の人生は読書によるインプットと、その実施のくり返しだったといっていいでしょう。

ある日、車の助手席に父を乗せて仕事場に向かっているとき、ぽつりと言いました。

「これまでやってきたことを、本に書いて遺そうと思っているんだ」

もちろん、私に反対する理由はありません。

「なるほど。それはいいことじゃない。僕もぜひ読んでみたい」

会社を私に任せてからちょうど10年、69歳のときでした。父は、本心庵という出版社から次のような提案があったと語ってくれました。

――自伝は大声で語るものじゃない。どちらかというとヒソヒソ話のほうが似合っている。ただ、七田先生の提唱する理論について真剣に考えてくれる人がいるとしたら、そういう人たちの手にとってほしい。そして、どこへでも持ち運んでほしい。ということで、

「小さな小さな豆本にしてその記録を残してはどうか」という提案があり、それを受けようと思ったそうです。

そうして、1998（平成10）年の9月に完成したのが、七田眞の半生記『生きて来た道』（第1集・第2集）でした。

縦9センチメートル、横6・5センチメートルの豆本です。

父はやはり自分の父を尊敬していました。私から見れば祖父ですね。

満州鉄道の幹部として仕事をしていた祖父は、部下の育成に定評があった人でした。

新たに任された部署に不良社員がいると聞けば、すぐに呼びだして話をしたといいます。

「君は問題のある社員だというウワサがあるが、そのことは知っているか」

「はい……」

「でも、それは過去の話だ。私は君をそういう色メガネで見ることはしない。これからの君の姿で評価するので、これまで言われてきたことはいっさい忘れて仕事に励みなさい」

そんな祖父は、家でわが子と話をするときには、正座をさせていたそうですが、ただ厳しいだけでなく、折に触れて、「運」「鈍」「根」の教えなど、大切な人生の指針を示してくれたそうです。

「運」は天に求めるのではなく、引き寄せるもの。人には「鈍」に見えるくらいがちょうどいい。「根気」があればたいていのことは乗り越えることができる。

こうした大切な教えも、祖父は書き残すことをしなかったので、それを教わった私が亡くなってしまえば消えてしまう。そうした「消えてほしくないもの」のために、父は『生きて来た道』の執筆を始めたのです。

前述したように、父は私に会社を譲ったあとも引退せずに、新たに自分の会社を立ちあげて活動していました。

『生きて来た道』の第1集と第2集を読んでみると大変興味深い、有用な情報が詰まっています。私は断然、続きが読みたくなりました。

「うち（株式会社しちだ・教育研究所）で出すから、ぜひ続編を書いてほしい」

実はこのころ、会社の台所事情はあまり芳しくありませんでした。バブル崩壊から10年、不況の谷はついに教育分野にも悪影響を及ぼしはじめていたのです。

売ることを考えると、費用の回収はできそうにありませんでしたが、それでもあえて費をかけ、父の半生記をつくることは、父が70歳を迎え、「七田式の保存」を努力目標に掲げていた当社にとって必要なことだと思っていたのです。

父が生前に書き残した書物は１５０冊を超えます。本に救われ、本に助けられてきた父は、恩返しをするかのように、亡くなる２日前まで執筆を続けていました。

結局、４年ほどかけて七田眞の『生きて来た道』全14集が完成したのです。父の人生を文章にしてまとめる作業は、七田式の歴史を編纂することでもありました。おかげで私自身、より深く父の教えを理解することができましたし、今でも、七田式の歴史をひも解くのに、ずいぶん役立っています。

本に救われた奇跡を、本を書くことで将来の誰かのために準備する

ここまで語ってきたように、私の人生の大切なポイントには常に父の姿がありました。病気になったとき、本のおかげで奇跡的に助かった父は、本を書き遺すことで未来に希望を託したのだと思います。そして、父が本を書き遺したのは、若いころの父のように苦しんでいる人たちが、父の本で救われることを祈っていたからなのでしょう。本を書くことで、誰かの奇跡を準備していたのだと考えています。

あとがき

本文でもふれたように、私は小学生時代から算数がとても好きで、大学も数学科を専攻しました。

難問が解けたときの充実感、爽快感は格別で、私にとって数学はとても楽しい学問でした。そんな私が、今は「子育て」「教育」といった、「答えのない問題」に取り組んでいる姿は、ふと不思議に感じることもあります。

「子育て」や「教育」は、数学の方程式のように、こうすれば必ず答えが出る、つまり、良い子に育つ、頭の良い子に育つというものはありません。

本書で紹介したエピソードも、必ずしも「正解」ではなく、父が私の個性を考えながらかけてくれた言葉や行動だったと感じます。

私自身も、三人の子供を育てましたが、「もっとこうしておけばよかった」と後悔することも多々あります。

子育てに関して私が出した一つの結論は、〝子育ては親も楽しい、子供も楽しい〟ことが最も重要で、うまくいくコツだということです。

そしてそのいちばんの方法は、子供に愛を伝えることです。その上で、子供の個性にあわせて、感性、創造性、人間性を育てることが大切です。

個性でみれば、どの子も一番です。

多くの親は、完璧主義を求めがちです。子供がきちんとしないことを叱ったり、そんな子育てをしている自分を責めたりします。

ぜひ、子供の本性を信じて、成長を認め、ほめて育ててください。

本書が読者の皆様の一助になり、自身の親御様との思い出をどこか懐かしく振り返ることができたのなら、著者としてこんなに嬉しいことはありません。

七田厚

◆著者略歴

七田 厚（しちだ こう）

1963年島根県生まれ。東京理科大学理学部数学科卒業。

1987年より2024年まで株式会社しちだ・教育研究所代表取締役社長を務め、主宰する「七田式」を日本をはじめ世界16の国と地域に展開する。

2024年12月永眠。

著書に、『七田式自分で考えて動く子どもに育つ言い換えことば』（ごま書房新社）、『お父さんのための子育ての教科書』（ダイヤモンド社）など多数

この父に学ぶ
～七田式の原点～

2025年3月3日　初版第1刷発行

著　者　七田 厚
発行者　池田 雅行
発行所　株式会社 ごま書房新社
〒167-0051
東京都杉並区荻窪4-32-3
AKオギクボビル201
TEL 03-6910-0481（代）
FAX 03-6910-0482
カバーデザイン　（株）オセロ 大谷 治之
DTP　海谷 千加子
印刷・製本　精文堂印刷株式会社

ISBN978-4-341-08877-4 C0095